NOTRE-DAME
DE LA BROSSE

A

BAINS-LES-BAIN[S]

(VOSGES)

PAR MADAME X***

Ouvrage honoré
de l'Approbation de Sa Grandeur
Mgr l'Évêque de Saint-Dié.

SAINT-DIÉ. — IMPRIMERIE L. HUMBERT.

1885

NOTRE-DAME
DE LA BROSSE

SAINT-DIÉ. — IMP. L. HUMBERT.

NOTRE-DAME
DE LA BROSSE

A

BAINS-LES-BAINS

(VOSGES)

Par Madame X***

SAINT-DIÉ. — IMPRIMERIE L. HUMBERT.

1885

Pour obéir aux lois de l'Église, et en particulier au décret du Pape Urbain VIII, du 3 juin 1631, je déclare n'accorder à tous les faits relatés dans cette *brochure*, *faveurs*, *guérisons*, qu'une autorité purement humaine. Ils ont une valeur historique, rien de plus. Fille obéissante de l'Église catholique, je me soumets entièrement au Siége Apostolique, approuvant tout ce qu'il enseigne et rejetant tout ce qu'il condamne.

L'AUTEUR.

ÉVÊCHÉ
DE SAINT-DIÉ
(Vosges.)
†

Saint-Dié, 26 Mars 1885.

MADAME,

J'ai fait examiner avec soin la Notice historique que vous avez composée sur le sanctuaire de Notre-Dame de la Brosse, à Bains-les-Bains.

Ce travail me paraît tout à fait digne de vos publications précédentes, et ce petit livre est un service signalé, rendu au diocèse de Saint-Dié. Nos anciennes abbayes, renversées par la Révolution et l'impiété, nous font apprécier et aimer davantage les sanctuaires que le temps a épargnés ou que la piété des fidèles a récemment érigés. Ce sont autant de pierres précieuses, qui décorent l'Église de Saint-Dié, et je suis très heureux, Madame, que votre plume soit venue donner un nouveau lustre à Notre-Dame de la Brosse.

Veuillez agréer, Madame, avec l'expression de ma gratitude, celle de mon respect et de mon dévouement en N. S.

† MARIE-ALBERT, *Évêque de St-Dié.*

A *Monsieur l'Abbé MARGAINE*,
Curé-Doyen de Bains-les-Bains.

MONSIEUR LE CURÉ,

Voici bientôt deux ans que, devant moi, vous exprimiez le regret de ne pouvoir, durant votre *pastorat* à Bains, élever en l'honneur de Notre-Dame de la Brosse un monument durable. — Non pas un monument de pierres, M. Mérat ayant terminé cette œuvre; — mais un petit livre, où seraient rassemblés les titres et les archives du vénéré sanctuaire.

Désireux d'accomplir ce travail, mais empêché par les labeurs du saint ministère, vous m'avez demandé si je ne pourrais l'exécuter à votre place.

Je vous objectai, Monsieur le Curé, que l'entreprise était singulièrement ardue et délicate.

— Comment réunir et confronter tant de témoignages?... Une chronique doit être exacte et complète!

J'essayai pourtant. Et après beaucoup, beaucoup de peine, voici que je vous apporte un petit travail.

Puisse-t-il faire quelque bien. Alors le mérite vous en reviendra tout entier, Monsieur le Curé, car c'est vous qui avez conçu l'œuvre et qui en avez fourni les matériaux. Je ne suis, moi, que l'humble architecte qui ai secondé vos desseins, mais qui, cependant, s'est trouvée heureuse de témoigner ainsi son reconnaissant amour envers Marie, que jamais elle n'a invoquée en vain dans son sanctuaire de la Brosse.

Veuillez agréer, Monsieur le Curé, l'expression de mon profond respect.

***

21 Novembre, fête de la Présentation de la Sainte Vierge.

Ire PARTIE

HISTOIRE DU SANCTUAIRE

CHAPITRE Ier

BAINS ET NOTRE-DAME DE LA BROSSE

La petite ville de Bains, connue par ses eaux thermales, et que Plombières, sa mondaine rivale, a reléguée au second rang, est située sur le versant méridional des Vosges, dans une agréable et pittoresque vallée où serpentent, au milieu des prairies, un nombre infini de petits ruisseaux babillards.

Par ses arbres séculaires, ses eaux vives et limpides, ses collines boisées, ses chemins ombreux où les rayons du soleil ne pénètrent que tamisés par le feuillage, le pays de Bains ressemble à un parc.

C'est là, dans un nid de verdure, que repose la petite ville.

Le voyageur qui arrive par la route d'Épinal, découvre à droite de hauts et puissants escarpements boisés, se profilant à perte de vue comme une longue suite de caps, dans la direction du sud-ouest.

Au loin, un de ces horizons immenses, qui, peut-être a inspiré Claude Gelée, le grand peintre lorrain.

Puis la route s'abaisse, et là, tout près, à gauche, à l'entrée d'un frais et riant vallon, une chapelle gothique simple, charmante, entourée d'arbres verts, semble dire au voyageur : — Hélas ! ne le sommes-nous pas tous ici-bas ? — Arrête et entre.

Oui, entre, car ce lieu béni est consacré à la Mère de toute douceur, de toute miséricorde et de toute consolation. Si tu souffres, elle te soulagera; si tu pleures, elle essuiera tes larmes... Ne l'oublie jamais :

les pauvres et les affligés sont surtout ceux qu'elle aime.

Ici, elle s'appelle Notre-Dame de la Brosse; là-bas, Notre-Dame des Ermites (Einsiedeln), de Bon-Encontre, de la Salette, de Lourdes... Comme une Reine, elle prend successivement le nom des lieux où elle tient sa cour et distribue ses bienfaits. Mais, sous quelque titre qu'on l'invoque, c'est toujours Notre-Dame, la consolatrice universelle, la Mère du bon Jésus, la douce Mère de tous les hommes.

Notre-Dame de la Brosse ! Ce nom n'éveille aucune pensée de grâce, aucun souvenir de miséricorde !... il n'est même pas poétique.

— Si vraiment ! grâce, miséricorde et... poésie ont ici leur rendez-vous :

*
* *

A l'endroit où s'élève le petit sanctuaire et où passe aujourd'hui la route, étaient — il y a longtemps, bien longtemps — de grands et magnifiques arbres, épars çà et là, majestueux débris d'une antique forêt. A leur pied croissaient force églantiers chargés de fleurs, aubépines et ronces dont le fruit ressemble à un petit amas de perles. Il y en avait tant et si bien que, poussant à l'aventure, enchevêtrés les uns dans les autres, plantes et arbustes formaient *broussailles*, nom qui fut donné à cette partie du finage [1] de Bains.

Par corruption, les habitants en firent *brossailles*, par abréviation *brosse*.

Et ce n'était qu'en se frayant un chemin à travers les ronces, les genêts et les bruyères, en un mot les broussailles que le pèlerin arrivait à un chêne séculaire, dont

(1) Voir les notices historiques sur la chapelle de Notre-Dame de la Brosse — 1850, 1873.

le tronc, comme une niche rustique, abritait la petite statue de Notre-Dame, appelée naïvement par allusion à son champêtre entourage : Notre-Dame de la *Brosse* ou de la *Broussaille*.

Les fleurs des champs, leurs parfums, le chant des oiseaux, le bourdonnement des insectes, le souffle du vent qui, au milieu du silence faisait murmurer les arbres : ces divines harmonies s'élevant de la terre au ciel, accompagnaient seules la prière des premiers pèlerins.

Et la Vierge Marie qui prend ses délices à être avec les enfants des hommes (1) : *Deliciæ meæ esse cum filiis hominum*, à écouter leurs plaintes, à panser leurs plaies, la Vierge Marie avait pris possession de ce lieu et en avait fait un lieu de grâces.

(1) *Proverbes*, chap. VIII, vers. 31. — Lecture de la messe pour la fête de l'Immaculée Conception, 8 décembre.

Et là — comme aujourd'hui — prosternés devant cette statue que nous vénérons, nombre de cœurs brisés murmuraient :

Salve Regina, mater misericordiæ, vita, dulcedo et spes nostra : Salve !

CHAPITRE II

ORIGINES LOINTAINES DE CERTAINS SANCTUAIRES

A quelle époque, à quelle date remonte ce pèlerinage ?

Nous nous trouvons en face de deux hypothèses : Il se peut que l'origine de ce sanctuaire soit relativement récente; il se peut aussi qu'elle soit très ancienne.

Peut-être cette petite statue avait-elle été — comme un ex-voto — placée dans ce chêne par une personne qui, dans cet endroit, s'était trouvée en péril, et dont la prière à Notre-Dame avait été exaucée ? Ou là, une apparition de la Mère de Dieu avait-elle eu lieu ? — Ex-voto, apparition, voilà deux origines possibles du pèlerinage.

Ou encore : cet endroit, comme tant d'autres, n'aurait-il pas été consacré au culte idolâtre avant le christianisme ? — Cette dernière hypothèse demande des explications (1).

*
* *

Sans adopter ici la thèse d'Henri Martin et *tutti-quanti*, qui ne veulent voir dans l'établissement du christianisme parmi nous

(1) Qu'on ne s'étonne pas de cette digression un peu longue. Les progrès inattendus de l'histoire, en cela d'accord du reste avec plusieurs traditions anciennes, nous révèlent chaque jour davantage l'extraordinaire influence du passé sur le présent. Ainsi l'établissement du christianisme dans les Gaules ne peut se bien comprendre qu'à la condition d'étudier les époques celtique, puis romaine, car le gouvernement des Druides et la domination de Rome ont laissé dans la France entière — c'est-à-dire jusqu'au Rhin — des traces ineffaçables.

qu'une simple *évolution* ou transformation de la religion des Druides, il nous est permis et même conseillé par les maîtres catholiques, de discerner dans l'horreur des temps anciens une préparation miséricordieuse par où la Providence disposait les nations à recevoir la bonne semence de l'Évangile.

Or cette préparation avait comme deux éléments : d'abord certains restes de la *tradition primitive*, perdue chaque jour davantage dans l'humanité (1), de l'aveu de Socrate, Platon, Cicéron et des plus grands hommes de l'antiquité payenne ;

Ensuite cette attraction naturelle *philosophique*, qui a toujours sollicité et toujours sollicitera l'homme vers Dieu : — « La phi-« losophie a été donnée aux gentils, de « même que la loi mosaïque aux juifs, « comme un pédagogue devant préparer

(1) V. les magnifiques *Études philosophiques sur le Christianisme*, d'Auguste NICOLAS.

« les deux peuples à Jésus-Christ (1). »

La philosophie ayant pour grand livre la création, ceci nous amène à dire que, aux yeux des Gaulois, les forêts, avec leurs hautes voûtes de feuillage, étaient la demeure de la divinité.

Le silence des bois interrompu seulement par les bruits de la nature qui indiquent un travail latent, actif, continu, leur inspirait une religieuse terreur. Aussi, adoraient-ils ce Dieu — invisible moteur du monde visible — divinité insaisissable, se révélant à eux par les forces de la matière.

Confusément, ils sentaient ce qu'exprimait un grand naturaliste (2) à la vue de l'ordre et des beautés de la création : « J'aperçois l'ombre de Dieu qui passe dans

(1) Clément d'Alexandrie. [Strom. liv. I, 3.]
(2) Linnée.

« ses œuvres, et j'en demeure saisi d'effroi « et d'admiration. » *Vidi umbram Dei prætereuntem : et obstupui.*

Aussi avec quel soin, quelle attention les druides choisissaient, pour exercer leur culte, les sites les plus sauvages et les plus beaux ! Les arbres séculaires, les chênes surtout, étaient les objets de leur vénération. N'ayant pas le bonheur de connaître la *Bible,* ils cherchaient à épeler cet autre livre saint qui est la nature : « *Invisibilia ipsius a creaturâ mundi per ea quæ facta sunt intellecta conspiciuntur* (1). »

L'âme de l'homme créée à l'image de Dieu, était et sera toujours à la poursuite de l'Infini. Quoiqu'en tâtonnant, — le mot est de saint Paul, — elle cherche sa respiration du côté du ciel (2).

(1) Saint Paul aux Romains, chap. I, v. 20.
(2) *Actes des Apôtres,* chap. XVII, v. 27.

« Ah l'Infini! s'écriait naguère M. Pas-
« teur dans un élan digne de Bossuet, cette
« idée est incompréhensible et elle s'im-
« pose... En quelque lieu de la terre que
« l'homme existe, partout il ploiera le genou
« pour adorer l'Infini sous le nom de Jého-
« vah, Dieu ou Jésus (1). »

Donc, Ozanam avait raison de dire que :
« Dans le paganisme il y a la fausse reli-
« gion, mais aussi la religion vraie, c'est-
« à-dire le commerce de l'homme avec le
« monde invisible, par conséquent tous les
« moyens de fixer ce commerce sous des
« formes sensibles : les temples, les fêtes,
« les symboles (2)..... »

L'Evangile, en apportant au monde la notion du Dieu vrai et unique, répondait à une puissante aspiration de l'homme qui,

(1) Discours de réception à l'Académie française, 1882.

(2) OZANAM : *La civilisation au Xe siècle*, t. 1, p. 163.

même environné des ténèbres de l'idolâtrie, avait élevé un temple « Au Dieu inconnu (1). »

Or, il était moins difficile de purifier et transformer ces pratiques superstitieuses du paganisme que de les détruire. C'est pourquoi, au nom de ce dieu inconnu devenu le vrai Dieu, LE BON DIEU, le christianisme s'empara de tous les lieux consacrés par la superstition, en chassa les fausses divinités et fit briller la croix là où quelquefois avait coulé le sang humain : — Où ne coule pas le sang du Sauveur coule celui des hommes.

Dolmens, menhirs, pierres druidiques, chênes séculaires sur lesquels se cueillait le gui sacré, furent bientôt surmontés de la croix. Et, dans tous les lieux où, comme une étoile dans l'ombre, brillait le signe de

(1) A Athènes. *Actes des Apôtres*, chap. XVI, v. 23. A Rome, entre le Tibre et le palais des Césars, nous avons vu un autel de pierre dédié aussi : « Au Dieu inconnu! »

la rédemption, se propageait en même temps le culte à la douce Mère du Rédempteur.

De tous côtés des autels rustiques s'élevaient en son honneur. C'était dans le creux des arbres, dans les anfractuosités des rochers, au bord des fontaines, dans les saules croissant le long des ruisseaux, que se voyait la statue de Notre-Dame remplaçant la légion d'idoles que, jusque là, l'ignorance avait adorées.

Voilà aussi pourquoi la Vierge Marie est vénérée sous tant de noms poétiques et charmants : Notre-Dame des Bruyères, de l'Eglantier, du Roncier en Bretagne, de l'Aubépine en Normandie, et ici : Notre-Dame de la Brosse.

Cette image de la Consolatrice des affligés placée au milieu des champs, en des lieux solitaires ou au sein d'épaisses forêts, apparaissait comme un doux reconfort au voyageur fatigué ou à l'artisan courbé sous le labeur quotidien. Ne semblait-elle pas là pour lui dire : courage, tu te crois seul et tu n'es pas seul, tu as une mère qui, du haut du ciel, veille sans cesse sur toi. Courage, courage! Tes peines passeront comme les nuages qui courent au-dessus de ta tête, comme l'eau du ruisseau qui serpente à tes pieds.

*
* *

Rien n'empêche de supposer que le petit sanctuaire de la Brosse n'ait été substitué à un autel idolâtre remontant soit aux druides, soit aux Romains, qui ont laissé dans nos régions de nombreuses traces de leur passage.

Bains même, sur le Bagnerot, ne doit-il pas son nom aux bains *balnea* que les Romains y avaient installés (1) ?

(1) M. le docteur BAILLY : *Le pays des Faucilles*, p. 55.

En sorte que l'oratoire de la Brosse aurait la même histoire qu'une foule de grandes et magnifiques églises dédiées à la Vierge Marie et devenues des lieux de pèlerinage. Notre-Dame de Paris n'a-t-elle pas été bâtie par Clovis, devenu chrétien, sur l'emplacement d'un ancien temple ?

Notre-Dame de Fourvières n'est-elle pas élevée à la place même d'un forum romain ?

N'avons-nous pas aussi Notre-Dame de Chartres qui est, en original ou en copie, cette même image que les druides honoraient dans le même lieu sous le vocable : *Virgini pariturae*, à la Vierge qui doit enfanter ! — Ah ! c'est que les espérances chrétiennes n'étaient pas complètement inconnues des payens.

Si vraiment le petit sanctuaire datait de la vieille Gaule, quelle suite de générations il aurait vues ! Celtes naïfs, Romains corrompus, Francs barbares, puis civilisés !... Et les envahisseurs ! Huns, Germains, passant, repassant..., sans omettre les Suédois qui, dans la guerre de Trente ans, saccagèrent cette belle terre de Lorraine.

Comment ne pas croire que Marie, « la protectrice des affligés, » n'ait pas eu de particulières tendresses pour ce « peuple-frontière » qui est un rempart de la France, et dont est sortie : Jeanne d'Arc, « Jehanne la bonne Lorraine. »

Au sortir des conjectures, revenons aux traditions orales ou écrites.

CHAPITRE III

CE QUE LA TRADITION RAPPORTE SUR NOTRE-DAME DE LA BROSSE

Impénétrables sont les desseins de Dieu ! Souvent il se sert d'instruments inconscients pour accomplir sa volonté. Or, sa volonté avait décrété que, dans ce lieu, jaillirait une source de grâces et de bénédictions, et que cette œuvre divine serait réalisée par d'humbles chrétiens dont le nom même n'est pas venu jusqu'à nous.

Voici ce que raconte une tradition populaire :

La statuette que nous vénérons — haute

d'environ quinze centimètres — était primitivement placée dans le creux d'un chêne.

Par qui ? — On l'ignore.

Le fait est que pleins de respect pour la sainte Image et craignant de la voir disparaître avec l'arbre vermoulu qui la protégeait, des pèlerins eurent l'idée de la transporter à l'église paroissiale.

Grande fut leur surprise de la retrouver, à quelque temps de là, dans sa niche de feuillage.

Cependant le chêne était croulant, son tronc, jadis si vigoureux, n'offrait plus à leur chère statue qu'un abri précaire. — Donc, ils la reprennent, et la voilà de nouveau à l'église.

Mais, à quelque temps de là, de nouveau aussi, ils la retrouvent à sa place première.

Etonnés de l'aventure, ils se disent : « C'est évidemment à cet endroit, où depuis « si longtemps nous venons la prier, que

« Notre-Dame veut continuer à nous dis-
» tribuer ses grâces. C'est là que nous de-
« vons lui construire un asile. »

Ils se mettent à l'œuvre et, comme par enchantement, élèvent un oratoire bien petit, bien modeste, où, avec un profond respect, ils déposent leur précieuse Madone.

Les hommes ayant terminé leur travail, la nature, ouvrière active, commence le sien : mousse, capillaires, saxifrages sortent de terre et ornent à l'envi le nouvel oratoire, proclamant à leur manière, comme autant de petites voix, la puissance et la bonté de Dieu. — C'est qu'il n'est pas de créature, si humble qu'elle soit, qui n'ait son petit langage, sa voix, dans la symphonie de l'univers (1).

*
* *

(1) Nous croyons pouvoir trouver ce sens, entre plusieurs, dans ce verset de saint Paul : *Tam multa,*

« Demandez, vous recevrez; frappez, il « vous sera ouvert (1). » — Les pèlerins accourant plus confiants et plus nombreux, la divine Mère, qui ne cherche qu'un prétexte à ses largesses, répandait avec abondance sur eux les trésors de la Miséricorde.

Non-seulement de Bains et des alentours, mais encore de bien loin, ceux qui souffraient venaient se prosterner devant la Vierge bénie. A ses fêtes, c'était par bandes qu'on accourait à la Brosse. Et les âmes qui se traînent sur le chemin de la vie fatiguées, torturées, haletantes, retrouvaient aux pieds de Marie la *paix,* sinon le bonheur.

Oui, sans mesure était la confiance en Notre-Dame. Une tradition fort authentique en fournit la preuve éloquente.

ut putà genera linguarum sunt in hoc mundo ; et nihil sine voce est. SAINT PAUL, 1re aux Corinth. chap. XIV, v. 10.

(1) SAINT LUC, ch. XI, v. 9.

Une femme, des environs de Bains, mit au monde un enfant mort.

Grande fut la douleur de la pauvre mère et des siens. Mais leur foi, plus grande encore, leur suggéra de porter le nouveau-né devant la statue miraculeuse. Notre-Seigneur n'avait-il pas ressuscité Lazare..., la fille de Jaïr..., le fils unique de la veuve de Naïm..., Et Marie, n'est-elle pas la dispensatrice universelle de la grâce!...

Les voilà donc qui s'acheminent vers l'oratoire, chargés de leur précieux fardeau. Ils le viennent montrer à la « Consolatrice des affligés. » Ils la prient, la supplient...

. . . .

— « O femme, votre foi est grande, qu'il vous soit fait selon votre volonté (1)... »

Bientôt, à travers leurs larmes, ils voient le visage de l'enfant s'animer; le pauvre petit corps donne des signes de vie..., le

(1) SAINT MATHIEU, chap. XV, v. 28.

nouveau-né peut recevoir le baptême. Et ceux qui étaient venus si désolés, s'en retournent joyeux, pleins de reconnaissance et chantant les louanges de Celle qu'on n'invoque jamais en vain.

— Comment la tendre dévotion en Notre-Dame de la Brosse ne se serait-elle pas transmise de père de fils, ainsi que le plus cher et le plus précieux des héritages ?

Aussi, lorsque l'orage de la Révolution se déchaîna sur la France, emportant riches sanctuaires et somptueuses abbayes, l'humble oratoire fut respecté, et le sentier qui y menait continua à être tracé par le pas du pèlerin.

Dans ce lieu béni, point d'interruption de prières. Comme un doux lien entre la terre et le ciel, Marie groupait autour d'elle ses enfants qui, — pendant que tout culte était interdit, — en silence et sans bruit, à l'heure accoutumée des offices, se réunissaient aux pieds de Notre-Dame de la Brosse.

Toute une génération grandit. Les guerres succédaient aux guerres; les Vosges, un moment, ressemblèrent à un lieu de passage pour les armées, pendant que les levées de conscrits, au grand effroi des familles, se renouvelaient et..... se renouvelaient.

Qui pourrait compter les vieillards frappés au cœur par cette inexorable loi ?

Mais c'étaient surtout les mères qu'elle atteignait ! Et à qui des mères iraient-elles confier leurs alarmes ? Qui les pourrait comprendre, sinon le cœur d'une mère ? Elles se rendaient à Notre-Dame de la Brosse, et là puisaient, avec l'espoir du retour, le courage dans la séparation.

Non moins confiant, le jeune soldat ne

quittait pas le foyer sans implorer la protection de *sa Mère du Ciel*, de cette Mère dont le regard allait le suivre au milieu de terribles et incessants périls.

Comme leurs aînés, les enfants de Bains, envoyés en Afrique, en Crimée ou en Italie, sont venus s'agenouiller à la Brosse, et leur protectrice héréditaire ne leur a jamais fait défaut [1] !

(1) Voir Notice historique sur N.-D. de la Brosse.

CHAPITRE IV

NOTRE-DAME DE LA BROSSE APRÈS LE CONCORDAT. — M. DE BONNAY DE BEAUSICAMP, CURÉ-DOYEN.

« Tout passe, Dieu seul reste. » Ainsi vont les choses en ce monde.

La tourmente se calma, la rigueur des lois s'adoucit ; et, le concordat signé, les églises furent rendues au culte. Après un long et lugubre silence, les cloches, de nouveau, firent entendre leurs joyeux accents.

Donc, en 1800, l'église de Bains fut réouverte et confiée à Monsieur l'abbé de Bonnay de Beausicamp.

A peine installé, le nouveau pasteur fut s'agenouiller à la Brosse. — N'avait-il pas à remercier Notre-Dame qui, vraiment, par intérim, s'était constituée curé de Bains ?

N'était-ce pas elle qui, durant les mauvais jours, n'avait cessé de réunir les paroissiens à l'ombre de son oratoire et avait sauvegardé leur foi ?

Malheureusement ce sanctuaire vénéré tombait en ruines. Il fallait le rebâtir au plus vite. Pas un habitant dont ce ne fût le désir. Or répondre à ce désir des habitants devint le premier soin du curé.

— Mais l'argent... ?

— Les Humbert-Bassanjon (1), pieux et fermes chrétiens, assumèrent les premiers

(1) Deux pierres de la chapelle construite à cette époque, ont été conservées et enclavées dans le sol, près du portail du nouvel édifice.

L'une porte pour inscription : *Cette pierre a été posée par Monsieur de Beausicamp, curé de Bains, en l'an XII.*

L'autre, *O. F. P. Humbert, et M. Bassanjon son épouse, ont fait bâtir cette chapelle en l'an XII.*

frais. — Seulement les premiers frais... : chacun voulant contribuer de son aumône ou de son temps à la restauration du petit sanctuaire.

Est-ce que tous n'avaient pas un droit sur ce lieu privilégié ?

N'était-ce pas la maison de leur commune protectrice ?

Les pierres de l'ancien oratoire furent pieusement réemployées; elles étaient comme consacrées déjà, car chacune représentait un acte de reconnaissance ou de foi.

Avec un entrain et un dévouement dignes des temps passés, les congréganistes donnèrent l'exemple en travaillant de leurs mains. L'élan devint général, l'œuvre s'accomplit par enchantement.

Sans plan, sans architecte, mais il est vrai sans passer par aucune des formalités qui règlementent aujourd'hui la construction des édifices publics, on éleva une simple et naïve chapelle où, à la grande joie des habitants, se pouvaient célébrer les saints mystères.

Combien fut touchante la première messe dite dans ce lieu où, depuis des siècles, — comme une rosée céleste, — tant de grâces étaient versées dans les cœurs par « la Mère « du pur amour, de la crainte, de la science « et de la sainte espérance (1) ! »

Ce fut vers 1804, c'est-à-dire quatre ans après la réouverture de l'église et l'installation du curé, que s'accomplit cette deuxième transformation.

*
* *

Avant de mourir, Monsieur l'abbé de Bonnay de Beausicamp eut la douce consolation de voir ses paroissiens visiter tant et si bien Notre-Dame de la Brosse, qu'ils

(1) Complies de l'Office de la Sainte Vierge.

l'avaient rendue la confidente de leurs peines et de toutes leurs joies.

Mais c'était surtout dans les grandes circonstances de leur vie qu'ils n'avaient garde d'oublier leur aimable et puissante protectrice. — « Il n'est pas un enfant de Bains « — dit une vieille notice (1) — il n'est pas « un enfant de Bains, appelé au loin par « les affaires ou par le service militaire qui, « dans le danger, ne se recommande à Notre-Dame de la Brosse. Et, à peine revenu au pays, il monte à la chapelle « pour remercier Celle qui n'est jamais « invoquée en vain. »

(1) Voir Notice sur N.-D. de la Brosse, 1859.

CHAPITRE V

ÉRECTION DE LA CHAPELLE. — M. BERNARDIN, PUIS M. MÉRAT, CURÉS-DOYENS. — BÉNÉDICTION PAR Mgr CAVEROT.

Revenons aux transformations que la piété des fidèles apporta à l'oratoire de Notre-Dame de la Brosse. Bientôt un petit mur à hauteur d'appui le sépara de la route, et des arbres verts en embellirent le pourtour.

Hélas ! Rien n'est stable... Après moins d'un demi-siècle, le petit monument improvisé par la piété des fidèles, menaçait ruine.

Fleurs et ornements, apportés à profusion par la reconnaissance des pèlerins, dissimulaient les lézardes, mais ne les réparaient pas. Elles devinrent si nombreuses que le curé d'alors, l'abbé Bernardin, en prit occasion pour demander à ses paroissiens de l'aider à substituer à la chapelle chancelante un digne et durable édifice. En leur communiquant ses projets, pour lesquels il fallait de l'argent, il leur dit ouvertement que, sans ressources, il comptait sur leur générosité.

Or, l'abbé Bernardin était un saint prêtre parmi les saints prêtres.

Il faut entendre ses paroissiens célébrer son zèle, son dévouement, ses vertus; rappeler ses actes ou ses paroles de bonté qui, selon l'expression du Père Faber, sont comme « autant de semences produisant d'interminables moissons ! »

Enfin, pour tout résumer par le mot de son successeur actuel : « M. l'abbé Bernar-

« din était puissant en œuvres, parce qu'il
« possédait les cœurs. »

Son projet de reconstruire l'oratoire fut donc chaleureusement accueilli.

Comme leurs pères, les habitants de Bains répondirent à l'appel de leur pasteur; comme eux ils eurent à cœur de contribuer personnellement, qui de leur bourse qui de leurs mains, à l'œuvre nouvelle.

Belle aumône que ce travail, accompli par surcroît après une journée laborieuse, au prix de quelques heures d'un repos si mérité !

Les baigneurs, eux aussi, connaissaient le chemin du sanctuaire; ils apportèrent leurs offrandes.

Bref, le succès dépassa toute espérance, et l'oratoire de Notre-Dame de la Brosse, subissant une transformation merveilleuse, devint, ce que nous le voyons aujourd'hui, un charmant édifice gothique dans le style du XIVᵉ siècle.

Hélas ! pendant que l'abbé Bernardin voyait avec bonheur se réaliser l'un des rêves les plus chers de sa vie ; pendant que la chapelle s'élevait, que ses colonnettes, ses fenêtres en ogive faisaient déjà présager ce qu'elle allait devenir, la mort vint — non surprendre le pasteur, il était bien préparé, — mais l'enlever à l'affection de ses paroissiens.

C'était vers la fin du carême.

Déjà très fatigué, souffrant, ayant un absolu besoin de repos, il n'écouta que son zèle, et voulut préparer *lui-même, comme chaque année,* ses enfants à la première communion. Ce fut son dernier labeur, sa dernière joie et sa dernière récolte ici-bas. Après une maladie de quelques jours, le divin Maître rappela à lui ce bon et fidèle serviteur, le dimanche des Rameaux 1860.

*
* *

L'abbé Mérat, dont le zèle et l'éloquence facile et persuasive, ont laissé les plus durables souvenirs, succéda à Monsieur Bernardin, et, avec une célérité inespérée, fit terminer la chapelle dans le courant de 1861.

Afin de faciliter la démolition du vieil édifice, contigu au nouveau, et laisser le champ libre aux ouvriers, on avait, quelques jours avant la fin des travaux, transféré processionnellement la statue miraculeuse dans l'église paroissiale.

Là, sur un autel brillamment illuminé par des cierges nombreux, Notre-Dame, nuit et jour, recevait le pieux hommage des pèlerins qui, sans interruption, se succédaient à ses pieds.

Mais, la chapelle achevée, restait à la bénir et à y reconduire la Vierge tutélaire.

Monseigneur Caverot, alors Évêque de

Saint-Dié, avait promis de venir le dix septembre, présider la cérémonie.

Ici, laissons la parole à un témoin oculaire.

*
* *

Depuis longtemps déjà on travaillait aux préparatifs de la fête, et chacun y allait de tout cœur.

Jamais Bains n'avait rien vu de pareil. Aussi le neuf septembre, veille du grand jour, quelle animation dans la ville !

Les rues étaient encombrées d'une foule joyeuse ; les jeunes filles circulaient portant de la mousse, des fleurs, du feuillage. Au haut des échelles, les jeunes gens assujettissaient les guirlandes qui, d'un *mai* à l'autre, ornaient le parcours que la procession devait suivre le lendemain.

On allait et venait, on composait des devises, on disposait la verdure ; le marteau résonnait sans trève. On clouait, clouait . . . Et les langues marchaient ! Bains *ruchonnait,* comme disent les Flamands.

C'est qu'il fallait se hâter pour être prêt le lendemain, et de bonne heure.

Comme pour activer les travailleurs, de tous côtés arrivaient des carrioles surchargées de femmes, d'enfants et de provisions, sans compter les voyageurs dont les pieds et les vêtements poudreux accusaient une longue route . . . . . Même des baigneurs étaient revenus pour la cérémonie. Tout le monde s'abordait, se parlait en vieilles connaissances, tous n'étaient-ils pas là réunis fraternellement pour célébrer la même fête ?

Enfin, l'aube du grand jour se leva, salué par le gai carillon des cloches.

On attendait Monseigneur. Il vint et, à son arrivée, se trouva entouré de cinquante prêtres accourus des environs, et de plus de cinq mille personnes.

Les cérémonies commencèrent.

*
* *

La foule se porta à l'église paroissiale, trop petite cette fois pour contenir l'assistance; la messe y fut célébrée par M. le Chanoine Pénant, et le sermon prononcé par M. l'abbé Margaine, curé-doyen de Dompaire.

Après avoir retracé la charité et la foi de M. Bernardin et des habitants, cette foi « qui transporte les montagnes » et qui, au sein d'une modeste paroisse, avait fait surgir un si élégant édifice, l'orateur charma son auditoire en lui parlant de Notre-Dame de la Brosse, « de cette Vierge que tout « petit enfant, dit-il, s'adressant à un cha- « cun, vous veniez prier avec vos mères, « et que Dieu, par un insigne privilège, « a donné à ce pays comme protectrice... »

La messe achevée, la procession se forma et la statue miraculeuse fut reconduite, en triomphe, à sa nouvelle demeure.

Une partie du clergé, les Confréries, bannières déployées, précédaient la statuette, portée par huit prêtres et placée sous un dais étincelant. Venaient ensuite, — image de la cour céleste, — de petits enfants, des petites filles vêtues de blanc, couronnées de fleurs, tenant à la main des lys ou des oriflammes; puis, le reste du clergé, avec Monseigneur, la main toujours levée pour bénir . . . Enfin les autorités de la ville et des milliers de fidèles accourus de tous côtés.

Arrivé à la chapelle, Monseigneur, après avoir procédé à la Bénédiction de l'édifice, s'avance sur le seuil pour parler aux fidèles qui, en plein air, tête nue, assistaient à la cérémonie.

Quel texte ! Cette pauvre petite statue, si

grande en sa simplicité..., cet acte de foi joyeusement accompli par une foule nombreuse... Enfin, comme gage des bontés et des largesses divines, les splendeurs de ce pays avec ses prairies verdoyantes, ses bois, ses horizons !

« Entrez, entrez, Bonne Mère, dit le « Prélat, en terminant, entrez, dans cette « demeure que vous a préparée le dévoue- « ment de vos enfants ; vous y retrouverez « le même amour et le même empressement « auxquels ils vous ont habituée depuis si « longtemps, et vous continuerez à exaucer « leurs prières, à les protéger et à les for- « tifier dans les épreuves de la vie. »

Le vénérable Prélat introduisit alors la Madone dans le sanctuaire, la déposa sur l'autel, où aussitôt, et le premier, il célébra les saints Mystères.

*
* *

On ne pouvait quitter la chapelle. Comme les disciples au Thabor, les fidèles se disaient : « Qu'il fait bon être ici ! »

Le soir, la ville était illuminée et, de nouveau, la foule s'acheminait vers la Brosse, où le chant des Complies et la bénédiction épiscopale devaient clore la journée.

Aux grands arbres de la route et des jardins scintillaient des lanternes vénitiennes, pendant que, traversant les vitraux, l'illumination intérieure de la chapelle la faisait ressembler à un joyau de mille couleurs.

Aussitôt l'Évêque entré, les chants se font entendre; des voix fraîches et mélodieuses s'élèvent dans le silence de la nuit pour glorifier encore la Vierge tutélaire.

Depuis cette époque, Bains a deux fêtes :

L'anniversaire de cette bénédiction, célébré le lundi de la *fête du pays,* au mois de Septembre ;

Et la fête patronale, le 2 Juillet, jour de la Visitation.

Double témoignage de la dévotion des habitants de Bains envers Notre-Dame de la Brosse (1) !

(1) On trouve en appendice, à la fin de ce volume, quelques détails sur l'ornementation de la chapelle.

CHAPITRE VI

NOTRE-DAME DE LA BROSSE, PROTECTRICE DE LA VILLE DE BAINS.

Rien de surprenant qu'une paroisse aussi dévouée à la Très Sainte Vierge, ait dans maintes circonstances éprouvé sa protection particulière : « On n'a jamais ouï dire « qu'aucun de ceux qui ont eu recours à « Vous, ô Marie, ait été abandonné (1). »

En voici une preuve. Dans les communes voisines de Bains, le choléra — en 1854, — exerçait de cruels ravages.

Chacun sait qu'un refroidissement, la moindre imprudence, facile à cette époque

(1) Saint Bernard.

de l'année, — c'était le temps de la moisson, — pouvait attirer le fléau.

Occupés aux vendanges, plusieurs ouvriers, atteints de l'épidémie, voulant regagner leur domicile, étaient tombés malades à Bains et y avaient succombé.

Qu'on juge des alarmes ! Pour les calmer, le Curé annonça une neuvaine, afin d'implorer la miséricorde divine par l'intercession de la Très Sainte Vierge.

La chapelle était trop petite pour contenir les pèlerins qui s'y succédaient; des prières ardentes ne cessaient de s'élever vers le ciel, des cierges, toujours renouvelés, brûlaient devant la sainte Image; pleins de foi et d'espérance, petits et grands imploraient Notre-Dame de la Brosse.

Leurs prières furent exaucées.

Bains fut épargné, le fléau se cantonna aux environs, respectant le territoire de la Vierge Marie.

***

Les sentiments d'amour et de reconnaissance des habitants de Bains, envers Notre-Dame de la Brosse, se manifestent à toutes ses fêtes, particulièrement à celle de l'Assomption où, dans une procession solennelle, la population tout entière s'empresse d'aller payer un tribut de gratitude à sa puissante protectrice.

En dehors de ces solennités, la piété des habitants se manifeste journellement d'une façon plus personnelle, plus intime, par conséquent plus touchante, dans ces innombrables visites qu'ils font à Notre-Dame de la Brosse, pour la charger de leurs pieux messages auprès du bon Dieu.

Les enfants s'y rendent à l'époque de leur première communion, afin d'implorer les grâces dont ils ont besoin ; et aussitôt le grand acte accompli, c'est aux pieds de la statue miraculeuse qu'ils reviennent faire leurs actions de grâces et se consacrer à la Sainte Vierge.

Chaque père de famille, le jour où il fait ses Pâques, monte à la Brosse, accompagné de ses enfants, et là, met ses bonnes résolutions sous la protection de Marie. Précieux restes de ces mœurs antiques, de cette foi et de cette piété qui régnaient jadis dans les familles, y maintenaient la paix et le bonheur, et les rendaient vraiment fécondes, car elles donnaient à l'Église des enfants chrétiens, dignes héritiers de leurs pères !

Et quand les habitants des villages voisins passent devant la chapelle pour regagner leur demeure, souvent ils déposent leurs fardeaux et ne veulent continuer leur route qu'après s'être prosternés devant « la Consolatrice des affligés, le Se-

« cours des chrétiens, » la Mère bénie de tous ceux qui pleurent, souffrent ou gémissent ici-bas.

IIme PARTIE

GRAND PÈLERINAGE DE 1874. — MIRACLES DEPUIS CENT ANS.

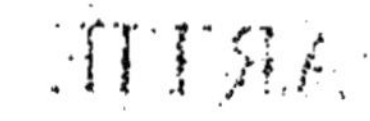

CHAPITRE VII

GRAND PÈLERINAGE ET TRIDUUM : 6, 7 ET 8 SEPTEMBRE 1874.

Les violentes commotions des années 1870-1871 furent suivies d'un ébranlement pacifique.

Après tant de malheurs, on avait besoin de prier, on avait aussi besoin d'être protégé. Où trouver cette protection puissante dont l'absence, hélas, s'était fait sentir ! — Où ? sinon aux sanctuaires de Marie et aux tombeaux des saints.

Donc, pour satisfaire à ce double besoin de protection et de prières, on organisa de tous côtés des pèlerinages.

Un moment la France se vit sillonnée de trains, emportant dans toutes les directions des milliers et des milliers de pèlerins. Les sanctuaires nouveaux et les plus antiques, devinrent comme autant de fontaines d'eau vive, où la piété des fidèles allait boire à longs traits.

Ceux même qui ne pouvaient faire de lointains voyages, n'avaient point à se désoler : la Vierge Marie n'a-t-elle pas multiplié sur notre sol les lieux bénis où elle dispense la grâce ?

Mûs par ces sentiments, les habitants de Bains, enfants dévoués de Notre-Dame de la Brosse, se rendirent au presbytère pour communiquer au doyen, Monsieur l'abbé Margaine, leurs pieuses pensées et lui demander s'il ne pourrait, lui aussi, organiser un pèlerinage à la chapelle, où se conserve la statue miraculeuse.

Si cette demande étonna le pasteur, elle le réjouit plus encore. Dévot serviteur de Marie, chaque jour il lui recommandait les besoins spirituels et temporels de ses bien-aimés paroissiens. Témoin et confident de grâces sans cesse obtenues, il eût voulu amener aux pieds de la Vierge de la Brosse, non-seulement ses enfants de Bains, mais aussi tous les serviteurs qu'elle comptait aux alentours.

Les vœux qui lui étaient unanimement exprimés, répondant au plus cher désir de son cœur, il n'hésita pas et entreprit de les réaliser.

Et cependant il savait par expérience les difficultés d'une telle entreprise, à la fois délicate et rude, où il faut stimuler tant de zèles, ménager tant de susceptibilités !... souvent pour aboutir à un cruel insuccès.

Ceux qui assistent à la fête ne soupçonnent guère les soucis, les soins, les démarches qu'elle a nécessitées. On croirait la voie toute plane : elle est hérissée d'obstacles.

Mais quand il y va de l'intérêt des âmes, quel obstacle arrêterait le pasteur ?

*
* *

Sans rien précipiter, le pieux doyen attendit une occasion propice.

Par ses soins, dans le courant de l'été de 1874, la jolie chapelle de Notre-Dame de la Brosse venait d'être ornée de fresques d'un goût exquis. Pendant l'exécution de ces importants travaux, la statue miraculeuse avait été, par respect, portée à l'église paroissiale. Alors M. le doyen eut l'heureuse pensée de faire coïncider le pèlerinage avee le retour de la Madone dans sa chapelle et l'inauguration des splendides décorations qui en couvraient les murs.

Le 27 Août 1874, à la grande joie des

habitants, circulait à Bains le document suivant :

« Le sanctuaire de Notre-Dame de la « Brosse à Bains est connu : la confiance « toujours croissante de la paroisse et du « voisinage, la dévotion non moins pro- « fonde des étrangers, qui viennent de- « mander aux eaux thermales guérison ou « repos, attestent et les grâces obtenues et « la reconnaissance des enfants de Marie.

« Aussi, en célébrant cette année une « fête extraordinaire, nous ne cédons pas « moins à un vœu général qui, déjà les « années précédentes, nous a été cent « fois exprimé, qu'aux propres désirs de « notre piété filiale.

« Et nous n'hésitons pas à croire que no- « tre appel sera entendu de tous, et qu'un « grand nombre y répondront avec joie.

« A. Margaine,

« Curé de Bains. »

Suivait le programme des cérémonies qui devaient avoir lieu durant trois jours (1).

Les vœux du pasteur furent comblés.

Pendant ces trois jours, un temps splendide, un recueillement édifiant que l'affluence des pèlerins, — 15.000 environ le dernier jour — ne put troubler.

Ravi du zèle déployé par les habitants de Bains, touché du concours des paroisses limitrophes, M. l'abbé Margaine les remercia tous et nominativement (2) : MM. les curés de Saint-Loup, de Vauvillers, de Rioz, de Bétoncourt, de Fontenoy-la-Ville, de Corbenay, de Bouligney, de Mailleroncourt, d'Ambrevillers, sans oublier MM. les Directeurs du Séminaire de Luxeuil, du diocèse de Besançon. Enfin MM. les curés

(1) Le *Triduum*, commencé le dimanche 6 septembre, était prêché par le R. P. Millon, dominicain de la maison de Nancy.

(2) Dans une lettre adressée à l'*Espérance* de Nancy.

d'Epinal, de Vittel, d'Aydoilles, de Bettegney, de Tendon et de Saint-Jean-du-Marché.

A ceux qui participèrent à ces fêtes, de nous en retracer les pompes charmantes.

Écoutons d'abord M. l'abbé Rigny, curé de Vauvillers (1).

« Au-dessus de Bains, jolie petite ville
« encadrée par les premières pentes du ver-
« sant méridional des Vosges, s'élève une
« chapelle gracieuse, dont la flèche élégante
« perce un massif de feuillage. De temps
« immémorial, la population de Bains vé-
« nère en ce lieu une image de Marie. Au
« vieux chêne qui la gardait dans sa rude
« écorce, avait succédé un abri de pierre
« simplement taillé. Ce premier monument
« fut remplacé par une chapelle où, durant

(1) Extrait de l'*Union Franc-Comtoise*, du 9 septembre 1874.

« la Terreur, les pieux fidèles venaient de-
« mander à la Vierge puissante des jours
« meilleurs. Leurs vœux furent exaucés, et
« c'est encore la reconnaissance qui, de nos
« jours, fit élever la nouvelle chapelle, dont
« le style, emprunté au XIVe siècle, a per-
« mis aux artistes qui ont peint la belle
« église de Saint-Epvre à Nancy, de l'or-
« ner avec toute la variété et le bon goût
« de leur habile pinceau.

« L'achèvement de cette chapelle et la
« réintégration de la statue de Marie dans
« ce nouveau sanctuaire, ont donné lieu à
« des fêtes magnifiques, qui ont duré trois
« jours, et ont vu accourir de toutes les
« Vosges et de la Haute-Saône, de nom-
« breux pèlerins empressés et recueillis.

« La fête la plus belle a eu lieu le 8 Sep-
« tembre. La présence de Mgr Caverot,
« évêque de Saint-Dié, en rehaussait l'éclat.
« Dès le matin, les pèlerins s'étaient mis

« en route. On les voyait arriver par toutes
« les entrées de la ville, tantôt isolément,
« tantôt rangés en procession, bannières
« en tête. Épinal, Fontenoy-le-Château,
« Fontenoy-la-Ville, Saint-Loup, tous les
« villages qui avoisinent Bains, entraient
« en chantant des hymnes et des cantiques.

« La joie était grande, car la ville tout
« entière ressemblait à un sanctuaire. De
« toutes les fenêtres retombent les ori-
« flammes étoilées, ornées du chiffre de
« Marie ou des armes de l'Alsace et de
« la Lorraine. Partout des devises, des
« invocations, des emblèmes qui redisent
« l'amour des enfants pour leur Mère. Les
« édifices publics, les maisons des par-
« ticuliers sont ornés de guirlandes de
« mousse, de trophées de bruyères fleuries
« et de branches de pins constellées de
« fleurs. La statue de Marie s'élève sur les
« fontaines, les berceaux de verdure, dans

« les promenades publiques. Des arcs de « triomphe de vingt mètres de hauteur, « couronnés de drapeaux aux couleurs de « la Vierge, ouvrent aux pèlerins leurs ar- « cades profondes. Le chiffre de Marie en- « touré de rayons d'or se détache sur les « fonds de verdure, et on y lit ces paroles « touchantes : *Consolatrice des affligés, priez « pour nous ! — A Marie, la ville de Bains « reconnaissante.*

« Mais on ne peut tout admirer. Les clo- « ches s'ébranlent, le tambour bat, la fan- « fare de Bains fait retentir ses notes écla- « tantes, la procession commence. Cent « jeunes filles vètues de blanc escortent « Notre-Dame de la Brosse, portée sur un « brancard étincelant d'or et enfermée dans « une châsse couverte de pierreries qui « scintillent aux rayons du soleil. Viennent « ensuite les enfants, tenant dans leurs « mains des fleurs, des oriflammes; ils es-

« cortent les images de l'enfant Jésus et de
« saint Nicolas, patron de la jeunesse. Suit
« la foule, puis un clergé nombreux, et
« enfin Monseigneur de Saint-Dié, mitre en
« tête et crosse à la main. Il est entouré des
« dignitaires du diocèse, sur la poitrine des-
« quels brille la croix émaillée du Chapitre.

« Le cortège suit la longue avenue qui
« monte à la chapelle. Il faut s'ouvrir un
« passage à travers la foule, massée autour
« du parvis sacré, et bientôt les chants de
« l'Église se font entendre. M. l'abbé Faron,
« aumônier de la marine, sur l'invitation
« amicale de son ancien condisciple M. le
« curé de Bains, chanta la messe solen-
« nelle. Sa voix, habituée à retentir au
« milieu des flots, se fait entendre de toute
« la foule, cette autre mer, alors calme.
« La quête, au profit de la chapelle et des
« pauvres, est faite par Mme Paul Chavane,
« conduite par M. Ziégler, maire de la ville.

« Les cantiques et les sons de la fanfare
« se mêlent aux chants liturgiques. La fan-
« fare joue l'air si connu des pèlerins de
« Paray-le-Monial, et les fidèles répètent le
« refrain du vieux cantique : *Priez pour la*
« *France et pour nous !*

« Après la messe, Sa Grandeur, dans un
« langage et avec un accent qui touchèrent
« toutes les âmes, rendit grâces à Dieu du
« beau spectacle qu'elle avait sous les yeux,
« remercia sa bonne ville de Bains de sa
« piété et de son amour pour la Vierge
« Marie, et appela la bénédiction de cette
« bonne Mère sur Pie IX, sur la France,
« sur les familles de sa ville si chère, sur
« tous les pèlerins.

« Notre-Dame de la Brosse, descendue
« processionnellement à l'église de la ville,
« fut rapportée avec plus de pompe encore
« dans sa chapelle à l'heure des vêpres. Les
« soldats du 37e de ligne, en garnison à

« Bains, officiers en tête, escortèrent l'image
« vénérée. Après les vêpres, le P. Millon
« parla du culte de Marie, montra combien
« il est raisonnable, se fondant sur la di-
« gnité incomparable de la Mère de Dieu,
« puis il fit ses adieux à cette ville qu'il
« évangélisait depuis trois jours. Sa parole
« émue, son apostrophe aux soldats qui lui
« rappelaient l'armée tout entière, ses vœux
« pour la France, tout cela fit frisonner un
« instant le pieux auditoire.

« Dans la soirée, les pèlerins purent pé-
« nétrer tour à tour dans la chapelle et en
« admirer les proportions, les vitraux, les
« sculptures et les peintures. Neuf fenêtres
« rappellent dans de nombreux médaillons
« la Vierge prédite, la Vierge venue, la
« Vierge agissant dans l'Église. Mille sym-
« boles la figurent : l'arche de Noé, l'échelle
« de Jacob, le buisson ardent, la toison de
« Gédéon, la tige de Jessé, les mystères du

« saint Rosaire ; tout redit la pureté, l'amour,
« la joie et les douleurs de Marie. Dans une
« rosace apparaît la douce figure de saint
« Colomban, patron de Bains, et si cher aux
« Francs-Comtois. Le culte qu'il avait pour
« la Vierge Marie lui méritait bien l'hon-
« neur d'être placé dans ce sanctuaire [1].

« L'autel est de toute beauté. On dirait
« un bijou d'ivoire, tant il est finement
« sculpté. Le couronnement de la Vierge,
« d'après *Fra Angelico*, est un chef-d'œu-
« vre; dans le rétable s'élèvent les statues
« de saint Joachim, sainte Anne, Abraham,
« David. Au milieu des enroulements, des
« entrelacs, des médaillons cloisonnés, se
« distinguent divers emblèmes se rapportant
« à la Reine de ces lieux : la colombe, le
« sceptre, le miroir, la tour de David. Les

(1) Saint Colomban fit construire un oratoire à la Sainte Vierge, non loin d'une caverne où il aimait à se retirer souvent.

« peintures achèvent merveilleusement l'en-
« semble du charmant édifice.

« A la tombée de la nuit, la ville entière
« parut comme embrasée. L'avenue de
« Notre-Dame se change en une route de
« flammes; les lumières brillent aux fenê-
« tres de toutes les maisons; l'hôtel de ville
« a sa couronne de flambeaux, les avenues,
« les promenades ont leurs globes de feu,
« qui se mêlent au feuillage.

« C'est l'heure du départ. Sur le point
« d'entrer dans la forêt profonde, les pèle-
« rins Francs-Comtois se retournent pour
« admirer une fois encore ce beau spectacle,
« cette colline lumineuse, cette atmosphère
« éclatante, au milieu de laquelle se détache
« la flèche aiguë de l'église; une fois encore
« ils saluent Notre-Dame, puis ils pénètrent
« dans les sombres avenues du bois. Un
« autre souvenir leur revient à la mémoire.
« Ils touchent au berceau de Gilbert; ils

« récitent la belle strophe où il parle du

..... Riant exil des bois.

« Mais au souvenir de ces beaux lieux,
« de la chapelle de Notre-Dame, ces mots :

Salut pour la dernière fois,

« ne s'échappent point des lèvres du pèle-
« rin. »

Glanant toujours pour former notre gerbe et l'offrir à Marie, nous retrouvons ce charmant impromptu d'un savant pèlerin, M. Campaux, professeur à la Faculté des Lettres de Nancy.

*
* *

NOTRE-DAME DE LA BROSSE

A BAINS EN VOSGES

Souvenir du 8 Septembre 1874.

A Monsieur l'Abbé Margaine,
Curé de Bains.

Ce n'est pas un village, encor moins une ville :
Une ville n'a pas ce frais aspect d'idylle,
Ni cette paix profonde et ce recueillement.
Mais qu'est-ce donc alors? C'est Bains tout simplement :

Au milieu de grands prés, verts comme l'émeraude,
Près d'un pèlerinage une source d'eau chaude;
Une rue en zigzags qui s'escarpe en gradins,
Des toits à l'air honnête emmêlés de jardins;
Des vergers et des bois; un ruisseau que dessine
Un rang d'aulnes légers y baignant leur racine;
Où qu'on porte ses pas, la forêt sous la main,
Et partout la colline à l'horizon prochain.

Ce n'est pas tout : mettez dans ce frais paysage,
Peuplé de braves gens au souriant visage,
De tranquilles troupeaux paissant par les pâtis,
Et vous aurez de Bains un fidèle croquis.

Tel il s'offrit à moi par un matin d'automne,
Un jour qu'il conviait autour de sa Madone,
La Vierge de la Brosse ou des jeunes taillis,
Tout un peuple fervent de chrétiens recueillis,
Qui par les blancs sentiers, leurs bannières en tête,
Le chapelet aux doigts, se rendaient à la fête,
Et le long des buissons, femmes, enfants, vieillards,
Hommes faits, accouraient venus de toutes parts.

Charmante matinée! Il semblait que la nue,
Bleue et blanche, et de feux splendides revêtue,
Pour ta fête, ô Marie, arborât tes couleurs.
Bains entier, pavoisé de rameaux et de fleurs,
Tendait de mur en mur des guirlandes rustiques,
Tandis que sur deux rangs, au chant des saints
A travers la cité, les dévots pèlerins, [cantiques,
Le cœur aise et ravi, plein de pensers sereins,
Montaient à la chapelle, un bijou de peinture,
Que la verte forêt pare de sa ceinture.
Et la procession que guide au loin la croix,
Dans son parcours champêtre, à la senteur des bois
Mêlait l'encens pieux, et de son frais cortège,
Où la pourpre se mêle à l'éclat de la neige,
Réjouissait les yeux errant des blancs surplis,
Par le vent lutinés, aux chappes d'or sans prix,
Et des Dominicains dans leur noir scapulaire
A l'Evêque mitré, pontife populaire,

Qui semblait, bénissant ainsi qu'aux anciens jours,
Le grand saint Nicolas, cheminant par les bourgs.

Les cloches cependant en sonores volées
Joyeusement en chœur chantaient par les vallées,
Et d'échos en échos proclamaient à l'envi
La Vierge des buissons à l'horizon ravi.
Puis, aux doubles clartés du grand jour et du cierge,
La Messe fut chantée à l'autel de la Vierge,
Et par les pèlerins, sur le seuil répandus,
Dans les champs d'alentour les versets répondus,
Rajeunissant leur charme à ces détails agrestes,
S'envolaient par les airs comme des chants célestes.
Et rien n'était si grave et si doux à la fois
Que ces échos sacrés où les oiseaux des bois
Essayaient de mêler, cachés sous le feuillage,
Frais accompagnement, leur limpide ramage.
A Vêpres, et tandis que déjà le soleil
Descendait empourpré d'un éclat sans pareil,
Un fils de Lacordaire en paroles de flamme
Sur nos fronts fit courir et frissonner son âme,
Et de la Vierge Mère, en mots pleins de splendeurs,
Redit et la puissance et les chastes grandeurs,
Des restes d'une voix défaillante et brisée
Vers le ciel emportant la foule électrisée.

A Notre-Dame offrant enfin ses derniers vœux,
Le soir, Bains constellé s'illumina de feux;
Puis bientôt le sommeil frais comme la rosée
De son charme enchanta la cité reposée;
Et des songes légers, purs et religieux,
Blonds essaims, descendaient joignant la terre aux
[cieux.

Dans le cours si pesant de ces tristes années,
Dieu nous donne souvent de pareilles journées!
Où je ne pourrai certe, où Bains plus d'une fois
Encor me reverra, cherchant parmi ses bois,
Où croît, près de sa source, un mystique dictame,
L'allègement du corps avec celui de l'âme.

ANTOINE CAMPAUX.

CHAPITRE VIII

MIRACLES DEPUIS CENT ANS. — PRIÈRES A LA SAINTE VIERGE

Conformément aux décrets des Pontifes Romains et spécialement d'Urbain VIII, nous réservons entièrement à l'Église l'appréciation des faits que nous allons rapporter.

« Tout ce que vous demanderez avec foi « dans la prière vous l'obtiendrez ( ). »

« Je vous le dis, en vérité, si deux d'en- « tre vous s'unissent sur la terre, quoi que

(1) Saint Mathieu, chap. XXI.

« ce soit qu'ils demandent, ils l'obtiendront « de mon Père qui est dans les cieux [1]. »

« Car là où deux ou trois sont réunis en « mon nom, je suis au milieu d'eux [2]. »

Inspiré probablement par ces tendres et encourageants appels du Divin Sauveur, un usage bien touchant s'est établi au petit oratoire de Notre-Danme de la Brosse.

Quand une personne est atteinte d'une maladie grave et prolongée, neuf parents ou amis vont, en son nom et à ses intentions, faire une neuvaine devant la statue miraculeuse [3]. — N'est-ce pas une des formes les plus touchantes et les plus évangéliques de l'assistance fraternelle ?

« La prière, dit sainte Thérèse, est la « porte par où le Seigneur fait arriver ses « grâces. » Or, quand les grâces sont de-

(1) SAINT MATHIEU, chap. XVIII.

(2) SAINT JEAN, chap. XIV.

(3) Si c'est pour une femme, neuf femmes; et si c'est pour un homme, neuf hommes.

mandées par Marie, comment ne seraient-elles pas obtenues ?

C'est pourquoi adressées avec foi et confiance à la « Consolatrice des affligés, » ces neuvaines méritent constamment pour le malade, soit une guérison complète, soit un adoucissement des douleurs, soit cet autre miracle qui est la résignation.

Que ne pouvons-nous relater tous les faits qu'une pieuse reconnaissance attribue à la protection de Marie! « Marie a fait tant de « choses que, si on les rapportait en détail, « le monde entier ne pourrait contenir les « livres qu'on en écrirait. » Ce que l'apôtre a dit du Fils (1), ne l'aurait-il pas dit de la Mère ?

Comme saint Jean, il nous faut faire un choix, et dans tout ce qui s'est passé à

(1) SAINT JEAN, chap. XXI, v. XXV.

Notre-Dame de la Brosse marquer uniquement quelques récits écrits par les miraculés, certifiés par de nombreux témoins et présentant tous les caractères de l'authenticité.

*
* *

Écoutons d'abord Mlle Victoire Gay, de Dijon, que plusieurs personnes à Bains se rappellent encore avoir vue dans un état désespéré et qui, aux pieds de la statue miraculeuse, retrouva la force, la santé et le bonheur.

« Au mois de Septembre 1844, dit-elle, « je fus atteinte de douleurs névralgiques « qui non-seulement m'ôtèrent l'appétit, « mais encore me rendirent toute digestion « extrêmement difficile.

« Chaque repas, si léger qu'il fût, était « suivi de crampes qui ne duraient pas moins « de deux à quatre heures, avec une insup- « portable violence.

« Cet état dura cinq années sans la moin-
« dre amélioration; bien plus, à plusieurs
« reprises, l'usage de la viande et du pain
« me devint impossible; il me fallait jusqu'à
« dix heures d'un travail pénible pour digé-
« rer un simple bouillon.

« Au mois de Juin 1847, ces douleurs,
« sans quitter l'estomac, s'étendirent dans
« toute la partie gauche de la tête.

« Au mois d'Août suivant, elles furent
« accompagnées de fièvre, jusqu'au mois de
« Novembre. Alors elles envahirent l'épine
« dorsale avec une incroyable vivacité. Les
« crises commençaient d'ordinaire à quatre
« heures de l'après-midi, pour se prolonger
« jusqu'à minuit, avec des spasmes, des
« soubresauts, des hoquets qui m'arrachaient
« des cris que je ne pouvais étouffer.

« Les antispasmodiques, l'arsenic, le gal-
« vanisme, le changement d'air et de cli-
« mat, ne produisirent que des effets mé-

« diocres et de courte durée : enfin le chlo-
« roforme et la morphine furent mis en
« usage depuis le commencement de 1849,
« sans plus de succès.

« Au mois d'Août de cette année, mon
« médecin, homme fort instruit, qui me
« prodiguait des soins empressés et compa-
« tissants, et de qui je ne saurais trop me
« louer, me conseilla les eaux de Bains,
« espérant qu'un nouveau changement d'air,
« le repos et les eaux minérales pourraient
« apporter quelque amélioration à ma santé;
« toutefois il m'avertit de ne pas compter
« sur la guérison, car il ajouta : Au retour,
« vous irez à Lyon consulter les docteurs
« de la science.

« Je me mis en route pour Bains, le 21
« du mois d'Août. L'avis de M. l'Inspecteur
« des eaux fut le même que celui de mon
« médecin. Il m'ordonna cependant des
« bains de deux heures et des douches sur

« l'épine dorsale. Les eaux augmentèrent « mes douleurs au lieu de les diminuer. « Enfin le 29 du mois, M. l'Inspecteur me « dit positivement : *Vous pourrez obtenir « quelque amélioration à votre état, mais de « guérison, jamais : Dieu seul peut vous l'en- « voyer, je ne vois plus de moyens humains à « mettre en usage.*

« J'étais logée dans un pensionnat dirigé « par les Sœurs de la Providence. Dès le « 24 Août, nous avions commencé une « neuvaine à la Sainte Vierge, qu'on vé- « nère spécialement à Bains, sous le nom « de Notre-Dame de la Brosse, et à qui on « a élevé une chapelle à environ cinq mi- « nutes de la ville. Chaque soir, les prières « de la neuvaine se firent à cette chapelle « par les maîtresses et les élèves du pen- « sionnat; je ne pouvais y aller que dans « l'après-midi avec une religieuse, et cette « promenade me faisait beaucoup souffrir.

« Du 24 au 31, mes crises ne firent
« qu'augmenter, sans que les calmants y
« apportassent la moindre relâche : la nuit
« du 31 Août au 1er Septembre fut surtout
« terrible. Cependant la clôture de la neu-
« vaine devait avoir lieu le même jour
« 1er Septembre, par la célébration de la
« sainte messe. Je m'y rendis avec 13 re-
« ligieuses et les élèves du pensionnat.
« Je ressentais de grandes douleurs; mais
« j'étais soutenue par mon espoir en la
« bonté de Marie et la puissance de Dieu.

« Au moment de l'élévation, il se fit en
« moi, tout à coup, un calme parfait; il
« semblait que Dieu eût attendu cet instant
« de sa présence, pour exaucer les prières
« si ferventes qui lui étaient présentées par
« sa douce Mère. Ce calme dura environ
« trois minutes. Puis je ressentis, dans la
« partie gauche de la tête, un mouvement
« indéfinissable, que cependant je compa-

« rais à celui d'un ressort de montre qui
« se détend très vite : le bruit était pour
« moi, comme celui que produit une pen-
« dule dont on tourne doucement la clef.
« En même temps je sentis les nerfs de
« ma tête s'allonger et mon esprit repren-
« dre le facile exercice de ses facultés. Au
« moment de la communion, le bruit cessa,
« la douleur avait complètement disparu. Je
« ne m'avouais cependant pas un miracle,
« ma foi chancelante craignait de se livrer
« à une illusion; puis, je n'avais éprouvé
« de mouvement que dans la tête, et, chez
« moi, l'épine dorsale, l'estomac, les in-
« testins, tout était atteiut. Après la messe,
« la religieuse qui a la garde de la cha-
« pelle, me donna à vénérer cette douce
« image de Marie. En y tenant mes lèvres
« attachées, il me semblait que je reprenais
« là toute la vie qni m'échappait chaque
« jour.

« Je revins à la maison. En route, une
« de ces dames me demande : Comment
« vous trouvez-vous ? — Bienheureuse, lui
« répondis-je, pourtant sans lui dire que
« j'étais guérie : car vraiment je ne le sa-
« vais point moi-même. Je demandai que
« mon déjeûner fût apporté au bain. Pour
« la première fois depuis cinq ans, j'avais
« réellement faim. La digestion se fit sans
« sans fatigue ; moi qui la veille avais sup-
« porté si difficilement un bain d'une heure,
« j'y restai une heure trois quarts. En sor-
« tant, je passai à plusieurs reprises la main
« sur les vertèbres de l'épine dorsale, qui
« habituellement étaient si sensibles; plus
« de douleurs, plus de sensibilité. Alors il
« fallut croire au prodige; Dieu seul peut
« dire quelles furent alors mes émotions !
« Je courus au pensionnat annoncer cette
« bonne nouvelle. Ce moment, où tant
« d'âmes pures et innocentes s'unirent à la

« mienne, et ce mouvement spontané de « tant de cœurs resteront à jamais dans « mes souvenirs !

« A midi, je me mis à table, je mangeai « comme une personne en parfaite santé; « la digestion se fit très bien. A quatre « heures je goûtai; puis nous allâmes à la « chapelle rendre grâces à Marie; c'était la « seconde fois que je faisais le chemin, « j'étais si peu fatiguée, que je me prome- « nai encore environ deux heures. A sept « heures et demie, je soupai, toujours avec « appétit, et je digérai sans douleur. J'eus « sept heures du sommeil le plus calme.

« Maintenant, depuis deux mois entiers, « ma santé est parfaite : esprit libre, force « physique et morale, appétit, sommeil. Je « n'ai de souvenance de mon état que pour « remercier la très douce Consolatrice des « affligés, Marie, ma Mère.

« Grâces soient donc rendues à Dieu et

« à Marie qui n'abandonnent jamais ceux
« qui ont recours à eux ! . . . »

Suivent les attestations des médecins, dont l'une est ainsi conçue : « Je soussigné,
« docteur de la Faculté de médecine de Pa-
« ris, etc., etc., certifie avoir dirigé la santé
« de Mlle Victoire Gay, depuis le mois de
« Juin 1847 jusqu'à son départ pour Bains,
« durant le mois d'Août 1849, et avoir
« observé chez elle, pendant ce temps, les
« accès nerveux les plus douloureux et les
« plus opiniâtres, ainsi qu'elle l'a consigné
« dans la relation ci-jointe, avec des expres-
« sions plutôt affaiblies qu'exagérées. Je dé-
« clare en outre avoir constaté à diverses
« reprises, depuis le retour de cette demoi-
« selle dans sa famille, que non-seulement
« elle n'éprouve aucune crise nerveuse, mais
« encore que les régions qui en étaient le
« siège, et qu'on ne pouvait comprimer,
« ni même toucher, sans réveiller d'atroces

« douleurs, n'offrent actuellement aucune
« sensibilité morbide.

« Dijon, le 5 Novembre 1849.

« *Signé* : N... »

« N'ayant, dit l'auteur de l'ancienne Notice, ni mission, ni caractère pour qualifier ces faits, nous devons nous imposer une grande réserve; aussi nous sommes-nous renfermé dans le cercle de la critique historique, nous en référant pour le reste à la sagesse de l'autorité compétente (1). »

Mais ce que nous pouvons affirmer comme un fait, c'est qu'aujourd'hui, en 1885, Mlle Victoire Gay jouit d'une bonne santé, qui lui a même permis de se vouer à l'enseignement; et que, depuis 1849, elle n'a ressenti aucune atteinte de son mal.

(1) Notice historique sur Notre-Dame de la Brosse, 1859-1873, p. 16.

*
* *

Autre guérison :

Une jeune fille d'un département voisin, atteinte d'une maladie grave de la moëlle épinière, et privée presque complètement de l'usage de ses membres; fut amenée par sa mère aux eaux de Bains.

Animée d'une douce piété, remplie de confiance en la Très Sainte Vierge, la jeune malade demande une neuvaine à Notre-Dame de la Brosse.

Le dernier jour de la neuvaine, on devait dire la messe, elle s'y fit conduire, et avec grandes précautions on la transporta de la voiture à la chapelle.

Comment exprimer la surprise des personnes qui accompagnaient la malade et unissaient leurs prières aux siennes, quand elles la virent marcher facilement, rentrer même dans la ville sans difficulté.

A cette heureuse nouvelle, le père de la jeune fille, ancien chirurgien-major, accourut à Bains, et dut aller à la chapelle trouver son enfant toujours ramenée par la reconnaissance aux pieds de N.-D. de la Brosse.

Impossible de peindre le ravissement de ce pauvre père quand il vit celle qui naguère ne pouvait marcher, accourir à sa rencontre et se jeter dans ses bras ! Leur émotion se communique aux assistants, et tous ensemble confondirent leurs larmes et leurs prières d'actions de grâces (1).

*
* *

Un jour, en 1879 je crois, M. le curé de Bains reçoit de Foug (Meurthe-et-Moselle), une lettre renfermant une offrande pour la chapelle de N.-D. de la Brosse et

(1) V. Notice sur N.-D. de la Brosse, 1859.

une demande de prières à son sanctuaire, en mémoire d'une grâce insigne obtenue là, vingt ans auparavant.

Heureux d'avoir encore à constater une faveur nouvelle due à la Vierge bénie, le bon curé écrit immédiatement à Foug pour obtenir quelques détails. Il les lui faut pour compléter les archives de son sanctuaire, pour publier toutes les grâces obtenues dans ce lieu vénéré, et mieux répéter avec le divin Sauveur : « Vous tous qui souffrez, accourez et vous serez soulagés. »

La fille de la miraculée répond :

« Ce serait un voyage bien agréable que « celui qui me ramènerait encore à Bains. « Maman y a été guérie en 1859, et depuis « cette époque jusqu'en 1865 la reconnais- « sance l'y ramenait tous les ans et je l'ac- « compagnais. . . . .

« Voici dans quelle circonstance ma mère « vint à Bains pour la première fois.

« Depuis six mois elle souffrait de calculs « biliaires. Les médecins jugeaient la mala- « die incurable, et leurs efforts tendaient « simplement à diminuer les souffrances « inouïes des crises qui avaient lieu quand « les calculs traversaient le foie.

« Mon père eut la pensée de la conduire « à Bains, où pendant vingt ans, était allée « ma grand'mère.

« Le voyage se fit avec beaucoup de « peine, et les eaux aggravèrent tellement « la situation qu'on perdit tout espoir de « conserver la chère malade.

« Ce fut encore mon père qui, dans sa « détresse, implora le secours de Notre- « Dame de la Brosse. Par un beau jour les « voilà s'en allant, se reposant tout le long « du chemin, pleurant, espérant, désespé- « rant..... Enfin ils arrivent, disent leur « chapelet avec une ferveur que seuls les « malheureux connaissent, puis se prépa-

« rent à partir, se sentant un peu consolés.

« Ils n'avaient pas encore franchi le seuil « de la chapelle, qu'une crise plus terrible « qu'aucune, — ma mère en avait qui du- « raient cinq à six heures, — un de ces « moments d'atroces douleurs s'annonce.

« La déception fut terrible. Ils avaient « compté sur Marie et Marie les abandonne. « Cependant au bout de quelques minutes, « ma mère se sent subitement soulagée. « Elle ne peut le croire, car jamais le mal « ne disparaissait si vite. Elle reprend, plus « forte, le chemin de la ville, et depuis » ce temps, elle n'a plus ressenti le moin- » dre malaise..

« Le croirait-on ? A son retour, un de « ses docteurs lui assure qu'elle n'est pas « guérie et que cette maladie lui reviendra « tôt ou tard. Vingt ans ont passé depuis !

« Aussi, Notre-Dame de la Brosse, Re- « fuge des affligés, et qui avez exaucé nos

« prières, quelle reconnaissance ne vous « devons-nous pas ! »

*
* *

Comme la précédente, la guérison dont on va lire le récit, fut instantanée.

En 1879, le 26 Mars, Mme M..., de Bains, était atteinte d'une péritonite aiguë.

Dès le premier jour, le docteur jugea l'état assez grave pour appeler par télégramme le frère de la malade, médecin militaire, alors à Montbéliard.

Malgré les meilleurs soins, le mal s'aggrava; bientôt on perdit tout espoir. La malade elle-même demanda les derniers Sacrements, qui lui furent administrés, d'après l'avis de son frère.

Quelle scène, quels déchirements ! La triste cérémonie fut terminée à six heures trois quarts du matin.

Immédiatement après, environ vers sept

heures, on célèbre pour la pauvre mourante une messe à N.-D. de la Brosse. Le pensionnat et des amis sont là, unissant leurs prières, demandant à Dieu, par l'intercession de Marie, de rendre la santé à l'agonisante.....

Tout à coup le prêtre qui célébrait les Saints Mystères, se sent animé de la plus intime confiance... Impossible à lui d'en douter, ses prières sont exaucées.

Oui, ses prières sont exaucées..., car pendant la messe, voilà qu'un mieux inespéré et très sensible se fait dans l'état de la mourante....., les crises cessent.

— A huit heures, « ce n'est plus la même personne, » dit le docteur.

— A neuf heures et demie, la malade prend, de la main de son frère, six cuillerées de bouillon ! — la première nourriture qu'elle ait acceptée depuis le mercredi.

Les parents n'en peuvent croire leurs

yeux....., ils appréhendent de nouvelles crises : elles ne reviennent pas.

Le mal était vaincu.

La convalescence fut prompte, le retour à la santé complet, si complet que depuis cette guérison due à Notre-Dame de la Brosse, Mme M... se porte beaucoup mieux qu'auparavant.

Tout Bains fut saisi, regarda cette guérison comme miraculeuse, et d'une voix unanime l'attribua à l'intercession de Notre-Dame de la Brosse.

***

Au mois de Septembre 1872, on pouvait voir à Bains deux religieuses de l'Ordre de la Charité de Besançon, appartenant à la maison de Saint-Seine-sur-Vinjeanne.

La famille de l'une d'elles habitait la petite

ville; la santé de la chère Sœur exigeait du repos, c'étaient les vacances, autant de raisons qui déterminèrent ses supérieurs à l'envoyer à Bains avec une de ses compagnes, Sœur Lia.

Bonne fortune pour des personnes pieuses ! Le cœur se dilate en face de ces vues admirables (1). En les regardant, les bonnes religieuses se pouvaient dire : « Com-
« bien doivent être belles les collines éter-
« nelles, si ce monde périssable est déjà si
« beau ! »

Elles dirigeaient habituellement leurs promenades vers la chapelle de la Brosse. Un jour elles eurent l'idée d'apporter leur ouvrage et de s'asseoir sur l'herbe à l'ombre du petit oratoire, sous les beaux arbres qui l'entourent. On coupait les regains, et à

(1) Sainte Thérèse déclare dans ses lettres, etc., que pour l'emplacement des monastères, elle choisissait toujours des lieux d'où l'on pouvait jouir d'une belle vue.

la saine exhalaison du foin se mêlaient les fortifiantes émanations des sapins.

Or, pendant que les doigts travaillaient, la pensée — cette étincelle qui ne connaît pas l'espace — s'envolait là-bas à Saint-Seine.

Que font nos compagnes ? La santé de notre Sœur X... est-elle meilleure ? Et nos bienfaiteurs, le marquis et la marquise de St-S. sont-ils à leur château ?..... Mais à peine ces deux noms prononcés, tout à coup Sœur Lia laisse tomber son ouvrage sur ses genoux..... Un sentiment de vive inquiétude s'emparant de son esprit, elle dit à sa compagne : « Allons, allons, vite « aux pieds de N.-D. de la Brosse, la prier « d'écarter de nos bienfaiteurs tout danger... « Hâtons-nous, hâtons-nous, ajouta-t-elle, « comme en proie à une soudaine terreur. »

Quatre heures, les deux Sœurs ne l'ont pas oublié, sonnaient à l'horloge de Bains.

Quinze jours après, de retour à leur communauté, les deux religieuses se dirigent vers le château de St-S. Et voici qu'elles y entendent raconter, avec détails, un terrible accident auquel le marquis et son fils aîné ont échappé d'une façon miraculeuse.

S'étant allés baigner dans la Vinjeanne, rivière profonde, assez perfide, qui traverse le parc, le jeune M. de St-S. s'aventure trop loin..., le voilà saisi par un remous.

Il appelle..., son père court à son aide, tous deux luttent énergiquement..., mais en vain : leurs forces les abandonnent, ils sont perdus.....

Que se passe-t-il alors ? C'est le secret de Dieu.

Mais en fait la force de la prière est toute puissante.

En cet instant suprême où ils pensaient tout fini, le marquis s'était senti comme doucement soutenu sur l'eau, et ramené avec son fils sur le rivage.

« Quel jour ? » demandent d'une voix les deux Sœurs.

— « Le neuf Septembre, à quatre heures du soir.

— « Gloire et reconnaissance à N.-D. de la Brosse, s'écrie Sœur Lia. » A cette même heure et ce même jour, saisie d'une crainte étrange, j'ai eu la soudaine inspiration d'entrer à la chapelle de la Brosse, prier Marie, qu'elle écartât de vous tout danger.

Comment en douter ? — C'est la Sainte Vierge qui vous a tirés de ce péril.

Et depuis ce temps, la famille de St-S. est animée d'une dévotion encore plus tendre envers Notre-Dame, et surtout envers Notre-Dame de la Brosse.

*
* *

Dernière narration, textuellement transcrite :

« Je dois tout d'abord vous dire que le
« culte de Marie a toujours été ma dévo-
« tion de choix : chaque fois que mes
« voyages de commerce me ramenaient à
« Bains (tous les trois mois à peu près),
« je faisais à la chapelle de Notre-Dame
« de la Brosse de longues, et je crois pou-
« voir le dire, pieuses visites. Là, je recom-
« mandais à la Vierge aimée des bons Lor-
« rains, le corps et l'âme du jeune voyageur,
« exposés aux périls de toute nature.

« La veille d'un troisième (*sic*), incident
« qui devait couronner l'aimable protection
« de la bonne Mère sur son serviteur dé-
« voué, j'étais allé passer une bonne soirée
« aux pieds de la bien-aimée Vierge de la
« Brosse, bien que l'hiver fût déjà rigou-
« reux. Le lendemain, je partais de Xerti-
« gny, à 4 heures du soir environ, par une

« bourrasque de vent et de neige, telle que
« mon maître d'hôtel, M. Lecomte, blâmait
« mon imprudente sortie. Le cheval — qui
« me conduisait dans une assez lourde voi-
« ture de voyage, chargée qu'elle était
« d'échantillons de certaines marchandises
« de prix, de dentelles noires et blanches,
« et même d'une bonne somme d'argent en
« écus, monnaie courante de cette époque,
« — marcha tant bien que mal dans une
« neige de 30 à 40 centimètres environ,
« jusqu'à la côte où devait se manifester la
« puissance de l'invocation à Marie, dont
« la rapidité de délivrance fait encore bat-
« tre mon cœur de reconnaissante joie.

« Arrivé donc au milieu de la côte, en-
« tre le village de Bellefontaine et Plom-
« bières, le cheval qui se traînait plus qu'il
« ne marchait, s'arrêta court. Je le laissai
« se reposer un temps assez notable, espé-
« rant que la force lui reviendrait; quand

« j'essayai de le faire avancer, il recula :
« que faire dans cette solitude ? Car, la nuit
« était arrivée, et les rafales de vent et de
« neige qui tombait à gros flocons, me fai-
« saient entrevoir une triste nuit à passer sur
« ce chemin bondé de neige, que chaque
« coup de vent faisait monter autour de
« moi comme un glacial rempart.

« A une grande distance, j'aperçois dans
« la campagne, une lumière. Je me hâte de
« me diriger sur ce point, espérant obtenir
« un secours dans ma détresse. On me ré-
« pond que la côte est facile à monter,
« qu'elle est courte, et que mon cheval,
« un peu reposé, devra bientôt reprendre
« sa marche ; mais de secours de bras que
« j'implorais à défaut de cheval de renfort,
« on ne me fait aucune avance.

« Je sortis, le cœur navré, de cette peu
« hospitalière demeure, et je me mis à pleu-
« rer ; j'avais alors vingt ans.

« J'espérais pourtant que le temps assez « long que j'avais mis à parcourir l'espace « entre la route et cette maison, aurait re« posé le cheval.

« Mon premier mouvement, à mon re« tour, fut de le prendre par la bride, espé« rant le voir avancer, nouvelle déception; « il recule deux fois, puis, un moment de « répit accordé, encore une troisième fois.

« Marie m'attendait là, et sa maternelle « bonté ne voulut mettre aucun délai, mal« gré ma lenteur à lui demander secours.

« Désespéré, je me jette à deux genoux « dans la neige qui m'enveloppe de son « froid manteau, et je m'écrie : *Ave Maria !* « Je me relève, plein d'un doux espoir, et « je prends de nouveau la bride du cheval; « cette fois, et sans hésiter, il marche cou« rageusement et me conduit, sans un seul « arrêt, à Plombières, qui était le lieu de « ma destination.

« Des larmes de légitime reconnaissance « coulent de mes yeux en traçant ces lignes « bien décousues; il n'y a pas là de mira- « cle sans doute, j'en étais indigne; mais « on doit y voir une si visible protection « de secours, une aide si instantanée que, « vraiment, la puissance de notre Mère « éclate, même dans ce fait de si naturelle « valeur. »

*
* *

« Si vous ne voyez des miracles et des « prodiges, vous ne croyez point [1]. » Voilà pourquoi le Seigneur Jésus nous prouve par quelques miracles matériels et sensibles, que sa puissance et sa bonté infinies ne cessent d'opérer en nos âmes des miracles invisibles plus grands et plus étonnants que ceux constatés par nos yeux.

Si nous considérions les faits qui se rat-

(1) SAINT JEAN, chap. IV, v. 48.

tachent aux peines et aux maladies de l'âme, bien plus redoutables et plus sérieuses au regard de la foi que celles du corps, nous aurions à raconter des prodiges sans nombre, de miséricorde, opérés dans cette chapelle.

Que d'âmes revenues à Dieu après de longs égarements !

Que de vocations déterminées là, après de ferventes prières !

Que de personnes arrachées aux illusions et aux vanités du monde !

Que d'âmes enfin pour lesquelles Marie fut vraiment : « le Refuge des pécheurs et la Porte du ciel ! »

C'est un vieillard qui écrit (1) : « Oui. « c'est bien à Notre-Dame de la Brosse « que je dois mon retour à mon Créa- « teur ! Et ce ne fut qu'après soixante ans « que j'eus l'inappréciable bonheur de m'as-

(1) Voir Notice sur N.-D. de la Brosse, 1853.

« seoir au divin banquet eucharistique. »

En 1853, c'est un homme d'un âge avancé, malade, appartenant à une famille honorable, qui est envoyé aux eaux de Bains, et dont nous allons raconter la conversion (1).

« Peu de jours après son arrivée, le « médecin inspecteur annonça que sa fin « était prochaine.

« M. le curé averti, s'empressa d'aller voir « le malade, qui reçut sa visite avec poli- « tesse et reconnaissance.

« Les personnes chez lesquelles il était, « voyant son état empirer, lui firent com- « prendre qu'il ferait bien de réclamer les « secours de la religion.

« Là, elles rencontrèrent une résistance « bien décidée, et le pasteur lui-même, quoi-

(1) Voir Notice de N.-D. de la Brosse, 1853.

« que toujours bien accueilli, ne fut pas plus « heureux.

« Cependant de pieuses personnes, par un « sentiment de charité, allaient à N.-D. de « la Brosse prier pour le malade.

« Le pasteur, après une nouvelle ten- « tative, était rentré chez lui fort triste, « quand, peu de temps après, le malade « le fait demander.

« Cette volonté rebelle avait fléchi ; la « grâce avait pénétré dans ce cœur, et, « avant de mourir, cet infortuné reçut de « la manière la plus édifiante les derniers « Sacrements de l'Église. »

Quelle puissance que celle de la prière, et surtout de la prière que nous chargeons Marie de présenter au Seigneur.

***

PRIÈRE

—

Marie, bonne et tendre Mère, que tant de fois j'ai invoquée dans votre sanctuaire de la Brosse, enseignez-moi à vous prier.

A mes demandes temporelles ou spirituelles, substituez vos propres demandes; car vous m'aimez mille fois plus que je ne saurais m'aimer moi-même, et mille fois mieux que moi vous savez ce qui convient à mon bonheur.

Pourtant, ô Vierge sainte ! souffrez que je répète cette prière d'un grand saint (1).

Obtenez de votre divin Fils, que son bon plaisir soit mon plaisir, ma passion, mon amour;

Que ma piété soit moins une habitude qu'un élan continuel du cœur.

(1) Voir l'admirable prière de saint Thomas d'Aquin au Saint Sacrement.

Que je sois sans dissipation dans mes joies, sans abattement dans mes tristesses.

Obtenez-moi de parler sans détours, de reprendre sans colère, d'aimer sans faux-semblants.

O douce Vierge, obtenez-moi un cœur fidèle et fier, comme le vôtre, qui ne chancelle, qui ne descende jamais; un cœur, comme le vôtre, indomptable, toujours prêt à lutter après chaque tempête; un cœur libre, jamais séduit, jamais esclave; un cœur droit qu'on ne trouve jamais dans les voies tortueuses.

Obtenez-moi, Mère si tendre, que la grâce m'éclaire et me fortifie sur la route de l'exil et que près de vous, Vierge douce, je partage vos joies dans la céleste patrie.

Ainsi soit-il.

PRIÈRE DES PETITS ENFANTS A MARIE

—

Aimable Reine, tendre Mère,
Qui régnez dans le beau ciel bleu,
Et qui souriez sur la terre
Aux petits anges du bon Dieu.

On dit que vous êtes si bonne
Que vous nous écoutez toujours,
Et que jamais, jamais personne
N'invoque en vain votre secours.

O puissante Vierge Marie !
Votre divin pouvoir défend
De tout mal celui qui vous prie...
Sauvez votre petit enfant.

Conservez-moi mon innocence,
Mettez dans mon cœur vos vertus,
Veillez sur ma fragile enfance
Comme sur celle de Jésus.

Obtenez-moi d'être sage,
Toujours digne de votre amour,
Faites qu'en grandissant en âge
Je sois meilleur de jour en jour.

Donnez à mon père, à ma mère
Tout ce qui peut les rendre heureux,
Que je fasse le bien sur terre
Pour être leur couronne aux cieux.

Cette prière est extraite du *Livre de Messe des Petits Enfants*, par Mlle L. BOULET.

Fête de la Toussaint 1884.

FIN.

ANNEXES

ANNEXE I

DESCRIPTION DE LA CHAPELLE

Voici quelques détails sur l'ornementation de la chapelle.

Le portail frappe d'abord par son élégante simplicité. Exhaussée sur le pignon, une statue de la Vierge, de grandeur naturelle, semble s'élancer vers le ciel pour en faire descendre les bénédictions sur la terre.

Les lignes qui s'abaissent sont ornées de feuilles roulées, et, en dessous, de lambrequins sculptés et de médaillons. Au centre, une grande rosace surmontée d'un panache, et, sur les côtés, les pilastres terminés par des clochetons ornés de sculptures. La porte se retire sous des arceaux, que supportent des colonnes aux chapiteaux ornés de fleurs. Dans le tympan, le bas-relief, dû au ciseau de M. Laurent jeune, de Nancy, représente la Vierge, dans un nuage, ouvrant ses bras miséricordieux aux infortunés de tout âge et de toute condition, dont les groupes se se détachent avec vigueur sur les premiers plans. En bas, l'inscription : *Consolatrix afflictorum*. Le seuil franchi, la peinture et la sculpture ont chacune leur part.

La première raconte la vie de la Sainte Vierge; la seconde chante sa gloire.

La peinture sur verre est l'œuvre de M. Rive, de Nancy; elle figure en 33 médaillons la Vierge prédite, la Vierge sur la terre et la Vierge agissant dans le christianisme.

La première fenêtre à gauche, en entrant, représente Adam et Eve chassés du paradis terrestre, mais déjà consolés par l'espoir d'un Messie à venir, et qui doit être le fils de

Celle qui, selon la promesse de Dieu, écrasera la tête du serpent. Cet espoir est figuré par la Vierge paraissant dans un nuage avec son fils entre les bras.

Dans le second tableau, l'arche de Noé flotte sur les eaux du déluge, et la colombe rapporte un rameau dans son bec. C'est la figure de Celle que l'Église appelle l'arche d'alliance, la Vierge pure, qui a apporté au monde l'olivier de la réconciliation.

Le troisième médaillon, c'est l'échelle de Jacob, que ce patriarche vit, en songe, appuyée sur la terre et atteignant le ciel, avec des anges qui montaient et qui descendaient; emblème de Celle que nous honorons comme la Mère de la grâce, la Protectrice et le Secours des chrétiens.

Le quatrième représente le buisson ardent que Moïse vit brûler sans qu'il se consumât, et qui figure la sainte virginité de Marie.

Dans le médaillon de la rosace, au-dessus

de cette fenêtre, apparaît le patriarche Juda, de la tribu duquel devaient naître le Messie et sa sainte Mère.

Le premier tableau de la seconde fenêtre représente la toison de Gédéon. Il est écrit au 6me livre des Juges : Gédéon dit à Dieu : « Si vous voulez vous servir de mon bras « pour sauver Israël, je placerai cette toison « de laine sur l'aire; si la rosée ne tombe « que sur la toison, et que la terre, autour « d'elle, demeure dans la sécheresse, je sau- « rai que vous m'avez choisi pour sauver « Israël. » Et il en arriva ainsi.

L'Église a placé cette antienne dans l'office de la Sainte Vierge : « Quand vous « êtes né d'une manière ineffable de la « Vierge, alors ont été accomplies les pa- « roles de l'Écriture : Pour sauver le genre « humain, vous êtes descendu comme la « pluie sur la toison. »

Au second médaillon, Moïse dans le désert frappe, d'après l'ordre de Dieu, le rocher de sa verge et fait jaillir une source abondante, pour désaltérer le peuple que la soif avait porté au murmure contre son libérateur. C'est la figure de Marie, Refuge des pécheurs et des cœurs endurcis, sur lesquels elle fait descendre la salutaire rosée de la grâce.

La maternité de la Sainte Vierge est figurée par le sujet du troisième médaillon : le jugement de Salomon, qui reconnaît pour la véritable mère, celle des deux femmes qui consent à abandonner son enfant à l'autre, plutôt que de le voir mettre en pièces.

Le quatrième médaillon représente la tige de Jessé. Le patriarche est à demi-couché. De lui sort un arbre dans le feuillage duquel on voit apparaître les bustes des principaux ancêtres du Sauveur : Abraham, Juda, David, Salomon, Josaphat, Ezéchias, et au-dessus, la Sainte Vierge, véritable fleur sur laquelle devait se reposer l'esprit du Seigneur.

Au-dessus de cette fenêtre, dans le médaillon de la rosace, on voit le roi David avec sa harpe, chantant les prophéties de la venue de Jésus-Christ. Les quatre médaillons de la troisième fenêtre nous montrent : le premier, l'Immaculée Conception de la Sainte Vierge, sous la forme de la médaille miraculeuse; le deuxième, la Nativité de Marie; le troisième, sa présentation au temple, et le quatrième, son mariage avec saint Joseph.

Dans la rosace au-dessus, saint Louis, patron de Monseigneur l'Évêque.

La quatrième fenêtre commence les images des quinze Mystères du Rosaire, qu'on a appelé l'Évangile des illettrés.

Le sujet du premier tableau est le premier Mystère joyeux : l'Annonciation, qui s'accomplit lorsque l'archange Gabriel annonça à la Sainte Vierge que Dieu l'avait choisie pour être la Mère du Sauveur.

Le second tableau représente la visite que la Sainte Vierge fit à sa cousine Elisabeth; second Mystère joyeux.

Le sujet du troisième tableau est la Nativité de Jésus-Christ dans l'étable de Bethléem; troisième Mystère joyeux.

Le quatrième, c'est la Présentation de Jésus-Christ au temple, le jour de la Purification de la Sainte Vierge; quatrième Mystère joyeux.

Saint Joseph, époux de la Sainte Vierge, est figuré dans la rosace qui domine cette fenêtre.

Le premier tableau de la cinquième fenêtre derrière l'autel, représente le cinquième Mystère joyeux : Jésus au milieu des docteurs est retrouvé par Marie et Joseph.

Le second représente Jésus-Christ priant

au jardin des Oliviers; premier Mystère douloureux.

Le sujet du troisième est le second Mystère douloureux : la Flagellation du Sauveur.

Le sujet du quatrième est le Couronnement d'épines; troisième Mystère douloureux.

Dans la rosace au-dessus est représentée sainte Anne, mère de la Sainte Vierge.

Le premier médaillon de la sixième fenêtre représente le quatrième Mystère douloureux : Jésus-Christ portant sa croix.

Le sujet du deuxième est le cinquième Mystère douloureux : le Crucifiement de Jésus-Christ sur le Calvaire.

Le sujet du troisième est le premier Mystère glorieux : la Résurrection de Jésus-Christ.

Le quatrième représente l'Ascension du Sauveur; deuxième Mystère glorieux.

Saint Jean, à qui le Sauveur a dit sur la

Croix, en montrant la Sainte Vierge : Voilà votre mère, est représenté dans la rosace au-dessus de cette fenêtre.

Dans la septième fenêtre se trouve représentée, au premier médaillon, la Descente du Saint-Esprit sur les Apôtres, le jour de la Pentecôte, troisième Mystère glorieux; dans le second, l'Assomption de la Sainte Vierge, quatrième Mystère glorieux, et, enfin, dans le troisième, le Couronnement de Marie dans le Ciel; cinquième et dernier Mystère glorieux.

Après les prédictions relatives à la Sainte Vierge, les principaux évènements de sa vie sur la terre et son couronnement dans le ciel, renfermés dans les Mystères du Rosaire, le quatrième tableau, comme pour servir de transition à son action dans le christianisme, nous montre le saint Cœur de Marie, cœur de Mère de Dieu et de Mère des hommes. La rosace au-dessus de cette fenêtre représente saint Victor, patron du curé de la paroisse, et faisant face à saint Louis, patron de Monseigneur.

La huitième fenêtre représente, au premier tableau, un vaisseau prêt à faire naufrage, et les matelots invoquant avec confiance Celle que l'Église appelle l'Étoile de la mer : *Ave maris stella*.

Dans le second, des malades reçoivent la guérison de Celle que l'Église appelle encore le Salut des infirmes.

Dans le troisième, l'institution du Scapulaire. Vers le milieu du treizième siècle, Simon Stock, général des Carmes, en Angleterre, assure que, dans une vision, la Sainte Vierge lui avait donné le Scapulaire comme une marque de sa protection spéciale envers tous ceux qui le porteraient, qui garderaient la virginité, la continence ou la chasteté conjugale, selon leur état, et qui réciteraient le petit office de Notre-

Dame. C'est le sujet de ce tableau.

Le quatrième représente l'institution du Rosaire. On voit la Sainte Vierge elle-même donner à saint Dominique, par l'entremise de l'Enfant Jésus, le chapelet qui a été l'instrument de tant de grâces obtenues par ceux qui le récitent avec dévotion.

Au-dessus, dans la rosace, saint Ambroise, patron de M. Bernardin, le pasteur zélé qui a entrepris la reconstruction de la chapelle. Les quatre médaillons de la neuvième fenêtre donnent l'historique de l'oratoire de Notre-Dame de la Brosse.

Le premier représente la Vierge placée dans le creux du chêne, où nos ancêtres venaient la prier; le second, le modeste abri qui succéda au chêne vermoulu; le troisième, la chapelle démolie en 1861, et le quatrième, la chapelle actuelle.

Le médaillon de la rosace au-dessus représente saint Colomban, patron de la paroisse de Bains. La grande rosace au-dessus du portail représente l'emblème des vertus dont la Sainte Vierge est la Reine. Au centre, un diadème; dans les rayons parsemés d'étoiles, un cœur enflammé, figure de la *Charité;* une ancre, l'*Espérance;* un lis, la *Pureté;* une colombe, la *Douceur;* une épée, la *Force;* un serpent, la *Prudence;* un sceptre, la *Justice,* et un calice surmonté d'une hostie, la *Foi.*

Mais bientôt l'attention est tout entière captivée par la vue de l'autel, heureuse composition de M. A. Laurent, et qui lui fait le plus grand honneur.

Ce gracieux chef-d'œuvre occupe tout le chœur sans le remplir, tant il est léger; on pourrait presque dire transparent : car on voit, au travers des vitraux peints, la lumière qui joue en reflets nuancés.

La pierre, en effet, est ciselée, évidée comme un de ces bijoux d'ivoire qui ornent les étagères. Le tombeau de l'autel, finement travaillé, présente, au milieu, un bas-relief en retrait, sculpté dans un grès blanc comme neige. C'est la Vierge couronnée dans le ciel, par la Sainte Trinité, et environné des anges.

De chaque côté, dans de jolies niches ogivales, se tiennent les ancêtres : Abraham, David, saint Joachim et sainte Anne.

Sur le gradin qui supporte le retable, court une branche de lierre entrelacée de l'invocation : *Sancta Mater Dei, ora pro nobis.*

Le tabernacle est formé d'une rotonde avec contre-forts qui supporte un dais pyramidal délicatement fouillé.

Au centre, dans une niche dorée, repose l'image vénérée, image bien simple pour un si riche encadrement, mais infiniment éclatante et précieuse par l'idée qu'elle représente et par la piété des fidèles. Ce sanctuaire est placé sous un arc de triomphe tout enguirlandé de belles roses. Le tympan du cintre s'élève en pyramide et se termine par une croix gothique.

Les panneaux du retable s'effilent en ogives et en clochetons. Au milieu d'enroulements découpés à jour, comme une dentelle, se dessinent vingt écussons qui figurent, en emblèmes, les principales invocations des litanies de la Sainte Vierge.

Côté de l'Évangile :

1er Écusson (en les prenant par le haut) : *Kyrie eleison.*

2e Écusson. Vierge puissante : Un sceptre et une main de justice.

3e Écusson. Vierge clémente : Une couronne, une branche de laurier.

4e Écusson. Miroir de justice : Un miroir, une couronne.

5e Écusson. Siège de sagesse : Un trône.

6e Écusson. Cause de notre joie : Une branche de vigne.

7e Écusson. Vaisseau spirituel : Un vase.

8e Écusson. Secours des chrétiens : Un vaisseau.

9e Écusson. Rose mystique : Des roses.

10e Écusson. Tour de David : Une tour.

Côté de l'Épître :

1er Écusson. Tour d'ivoire : Une tour.

2e Écusson. Maison d'or : Un palais.

3e Écusson. Arche d'alliance : L'arche.

4e Écusson. Porte du ciel : Une porte.

5e Écusson. Étoile du matin : Une étoile.

6e Écusson. Refuge des pécheurs : Une colombe portant un rameau.

7e Écusson. Reine des anges : Une couronne étoilée.

8e Ecusson. Reine des martyrs : Une branche de laurier.

9e Ecusson. Reine des vierges : Deux lis.

10e Ecusson : *Ora pro nobis.*

De chaque côté, sous un dais que soutiennent quatre légères colonnettes, on voit, à gauche, saint Colomban, patron de la paroisse, et, à droite, saint Joseph.

Le soubassement est orné de deux vases, d'où sortent des lis entrelacés d'une guirlande portant pour inscription : *Sicut lilium inter spinas, sic amica mea inter filias.*

Enfin, une volée de beaux anges semble être venue s'abattre sur l'autel, pour chanter la gloire de Marie. Les uns se tiennent debout, les ailes déployées; les autres sont groupés au pied de la croix, sur les arêtes du tympan, tenant en main de mélodieux instruments.

ANNEXE II

NEUVAINE DE MÉDITATIONS EN L'HONNEUR DE LA TRÈS SAINTE VIERGE (1)

Puisque, dans les litanies de la Sainte Vierge, l'Église nous appprend à lui demander tant de fois qu'elle prie pour nous, il convient, avant de méditer les titres sous lesquels on invoque la Sainte Vierge, de considérer ce que les prières de Marie peuvent auprès de Dieu.

(1) Ces méditations, composées sur les litanies de la Sainte Vierge, sont extraites des œuvres de saint Alphonse de Liguori.

PREMIER JOUR

1° *Bienheureux celui pour lequel Marie s'intéresse !*

Jésus prend plaisir à être prié par cette Mère si chère à son cœur, afin de lui accorder tout ce qu'elle demande.

Sainte Brigitte entendit un jour Jésus dire à Marie : O ma mère, vous savez que je ne manque jamais d'exaucer vos prières ; ainsi demandez-moi tout ce que vous voudrez. Puisque vous ne m'avez rien refusé sur la terre, il convient aussi que dans le ciel je ne vous refuse rien. — Prions donc cette divine Mère, si nous voulons obtenir le ciel, et disons-lui :

Nous vous supplions, ô Vierge sainte, de nous accorder votre secours auprès de Dieu ; il nous est plus précieux que tous les trésors de la terre : avec votre secours nous obtiendrons des grâces assez puissantes pour triompher de nos ennemis.

2° *Sainte Marie.*

Le nom de Marie est un nom de salut; aussi saint Epiphane a-t-il dit qu'il ne fut point donné à Marie du choix de ses parents, mais par la volonté expresse de Dieu.

Après le nom de Jésus, celui de Marie est supérieur à tout autre nom, car Dieu l'a rempli de douceur et de grâces; et il obtient toute espèce de biens à celui qui le prononce.

O Marie, disait saint Bernard, on ne peut prononcer votre nom sans être enflammé d'amour. C'est un nom de bénédiction. On ne peut l'invoquer, dit saint Bonaventure, sans en retirer les plus grands avantages. Ce nom a la force de dissiper et de vaincre les tentations de l'enfer.

Ah ! Marie, si je vous avais toujours invoquée dans mes tentations, je ne serais jamais tombé; je ne manquerai pas de le faire en vous disant : Marie, aidez-moi, venez à mon secours ! Sauvez-moi, obtenez-moi la grâce de vous invoquer toujours dans les périls de mon âme.

3° *Sainte Mère de Dieu.*

Si les prières des saints peuvent beaucoup auprès de Dieu, que sera-ce des prières de Marie ? Les premières sont des prières de serviteurs, les secondes sont les prières d'une mère.

La prière de Marie, dit saint Antonin, a auprès de Jésus l'effet d'un commandement : il est impossible qu'elle demande une grâce à son fils et qu'elle soit refusée. C'est pour cela que saint Bernard nous exhorte à demander, par Marie, toutes les grâces que nous voulons obtenir de Dieu, puisqu'elle est sa mère, et qu'elle est toujours exaucée.

O mère de mon Dieu, priez Jésus pour moi ! Marie, regardez les misères de mon âme, et ayez pitié de moi; oui, priez et ne cessez de le faire, jusqu'à ce que vous me voyiez heureux avec vous dans le ciel. O Marie, vous êtes mon espérance, ne m'abandonnez pas. Sainte Mère de Dieu, priez pour nous.

DEUXIÈME JOUR

1° *Mère de la grâce divine.*

Saint Anselme appelle Marie Mère de toutes les grâces, et saint Bernardin de Sienne ajoute : toutes les grâces que nous recevons de Dieu viennent par Marie. La Sainte Vierge le dit elle-même : Le Seigneur a mis en mon pouvoir le trésor de ses grâces, afin d'en enrichir ceux qui m'aiment.

Ainsi, ô ma Reine, si je vous aime, je ne serai plus pauvre comme je le suis. Je veux donc vous aimer, et après Dieu, je vous aime par-dessus toutes choses; mais augmentez encore mon amour pour vous.

Saint Bonaventure dit que celui que vous voulez sauver l'est déjà; je vous adresserai donc la même prière que lui : O vous, qui sauvez tous ceux qui vous invoquent, Marie, préservez-moi de l'enfer, et d'abord préservez-moi du péché qui est la seule voie qui y mène.

2° *Mère très pure.*

Cette Mère, Vierge, cette colombe, ce lis de pureté, rend chastes et purs tous ceux qui la servent. Lorsque Marie était sur la terre, sa seule présence, dit saint Ambroise, inspirait l'amour de la pureté : le Saint-Esprit la nomme le lis entre les épines, car toutes les autres vierges, excepté Marie, sont des épines ou à elles-mêmes, ou aux autres.

Les images mêmes de cette Mère très pure éteignent les ardeurs sensuelles en celui qui les regarde avec dévotion. Combien de personnes se sont conservées pures et chastes par la dévotion à la Sainte Vierge. Oh ! qu'elle est grande la vertu du nom de Marie pour vaincre les tentations.

O Vierge très pure, délivrez-moi de ce vice maudit ! Faites que dans les tentations je recoure toujours à vous, et que je vous invoque tant que durera la tentation.

3 *Mère sans tache.*

Marie fut cette femme intacte qui parut aux yeux de Dieu toute belle et sans tache. C'est pour cela qu'Elle fut établie médiatrice des pécheurs. Marie ayant été destinée à traiter de la paix entre Dieu et les hommes, il ne convenait point qu'Elle fût pécheresse et complice du crime d'Adam, et le Seigneur la préserva de toute tache du péché.

Ah ! Marie, Vierge sans tache et si chérie de Dieu, je suis, il est vrai, tout couvert d'iniquités et de misères; mais ne détournez pas vos yeux de moi, regardez-moi et secourez-moi. Dieu qui vous aime tant ne vous refuse rien, et vous-même, vous ne savez rien refuser à ceux qui implorent votre secours.

O Marie ! je recours à vous, ayez pitié

de moi. Mère sans tache, priez pour moi.

TROISIÈME JOUR

1° *Mère aimable.*

Marie fut si belle aux yeux de Dieu, qu'il fut épris de sa beauté jusqu'à l'appeler sa colombe, son unique, sa parfaite.

Il est certain, dit le P. Suarez, que Dieu aime plus Marie que tous les autres saints ensemble, parce qu'Elle seule aima Dieu plus que ne l'ont aimé tous les hommes et tous les anges.

O Marie, Vierge très aimable, vous avez gagné le cœur de Dieu, prenez aussi le mien, tout misérable qu'il est et rendez-moi saint. Je vous aime et j'ai confiance en vous : Mère aimable, priez pour nous.

2° *Mère du Sauveur.*

Saint Bonaventure appelle Marie la Médiatrice de notre salut, et saint Jean Damascène va jusqu'à lui attribuer en quelque sorte le salut du monde.

En effet, on peut l'appeler notre médiatrice, c'est-à-dire médiatrice de grâces, comme Jésus-Christ est médiateur de justice, pour deux raisons : d'abord à cause du consentement qu'Elle donna à l'incarnation du Verbe, puisque par là, dit saint Bernardin, Elle nous procura le salut; ensuite à cause du consentement qu'Elle donna à la mort de son Fils pour notre salut.

O mère de mon Sauveur, sauvez-moi ! vous qui avez offert à Dieu la vie de votre fils pour mon salut, sauvez-moi maintenant par votre intercession.

3° *Vierge vénérable.*

Dire de Marie qu'elle est la mère de Dieu, c'est dire qu'elle fut élevée à la dignité la plus haute qu'il y ait après Dieu.

C'est pourquoi saint Anselme lui parle en ces termes : O Marie, il n'y a rien qui vous égale, car tout ce qui existe est au-dessus de vous, et c'est Dieu ; ou au-dessous, c'est tout ce qui n'est pas Dieu.

En un mot, dit saint Bernardin, il n'y a que Dieu qui puisse connaître la grandeur de Marie.

Elle est donc bien digne de notre vénération et de nos hommages, la Mère de Dieu, puisque Dieu ne pouvait l'élever plus haut qu'en la faisant sa Mère.

O Mère de Dieu et la mienne, je vous révère, ô Marie, et je voudrais que vous fussiez honorée de tous les cœurs autant que vous le méritez. Ayez compassion d'un pauvre pécheur qui vous aime et qui met en vous toute sa confiance. Vierge vénérable, priez pour nous.

QUATRIÈME JOUR

1° *Vierge digne de louange.*

L'Église déclare dans ses chants que Marie est très digne de toute louange, et toutes celles qu'on lui donne sont glorieuses pour son fils.

Marie promet le paradis à ceux qui la font connaître et aimer; elle fera honorer dans l'éternité ceux qui l'auront honorée dans le temps.

De même que Marie, Mère de Dieu, fut un moyen pour sauver les pécheurs, de même aussi, ils obtiendront leur salut en prêchant les louanges de Marie. Qu'ils la louent donc, qu'ils parlent de ses privilèges, et qu'ils inspirent par ce moyen la dévotion envers la Mère de Dieu.

Reine du ciel, je veux faire désormais tout ce que je pourrai pour vous faire honorer et aimer de tout le monde. Agréez ce désir, ô Vierge digne de toute louange, et aidez-moi à l'exécuter; recevez-moi au nombre de vos serviteurs, et ne permettez pas que je retombe jamais sous l'esclavage du démon.

2° *Vierge puissante.*

Aucun saint n'est aussi puissant auprès de Dieu que sa sainte Mère. Elle obtient tout ce qu'elle veut, dit saint Bernard : son Fils ne sait rien lui refuser de tout ce qu'elle lui demande, même pour les pécheurs.

C'est pourquoi saint Germain lui dit : Vous êtes, ô Mère de Dieu, toute puissante pour sauver les pécheurs, et vous n'avez pas besoin d'autre recommandation auprès de Dieu, puisque vous êtes sa Mère.

O Marie, Vierge puissante, vous pouvez me sanctifier, j'espère que vous le ferez.

3° *Vierge clémente.*

Autant Marie est puissante auprès de Dieu, autant elle est compatissante et miséricordieuse pour ceux qui recourent à elle. Marie, dit saint Bernard, ne peut manquer ni de puissance pour nous sauver, puisqu'elle est Mère de Dieu, ni de volonté pour nous aider, puisqu'elle est notre Mère. En effet, qui a jamais recouru à elle, et n'en a pas été secouru ? Le désir qu'éprouve

Marie de nous dispenser des grâces avec abondance est si grand, qu'elle se croit offensée non-seulement par celui qui lui demande peu, mais encore par celui qui ne lui demande rien.

Les longues prières ne sont pas nécessaires, il suffit de lui demander avec confiance.

Sa bonté est si grande, qu'elle vient à notre secours, avant d'en être priée; car elle ne peut voir nos misères sans être empressée de nous soulager.

Regardez donc, ô Marie, regardez mes misères et secourez-moi. Vierge clémente, priez pour nous.

CINQUIÈME JOUR

1° *Vierge fidèle.*

Bienheureux celui qui prie Marie et qui

se tient auprès d'elle, comme les pauvres se tiennent aux portes des riches, afin d'en obtenir des secours! Puissions-nous être fidèles à servir cette divine Mère, comme elle est fidèle à nous secourir quand nous la prions!

Marie promet à ceux qui la servent et l'honorent qu'ils ne pécheront pas et obtiendront le salut éternel. Elle nous invite tous à recourir à elle, et nous promet toutes les grâces que nous espérons.

O Vierge fidèle, je mets en vous toute mon espérance, c'est vous qui devez me préserver de tout péché, ne m'abandonnez pas, ô ma divine maîtresse! Obtenez-moi de mourir plutôt que de perdre la grâce de Dieu.

2° Cause de notre joie.

Semblable à l'aurore qui ramène l'allégresse sur la terre en dissipant les ténèbres de la nuit, Marie, en naissant, chassa les ténèbres du péché et réjouit le monde. L'aurore annonce la venue du soleil, et Marie annonça la venue du Verbe incarné, le Soleil de justice, notre Rédempteur qui par sa mort nous délivra de la mort éternelle.

Marie fut non-seulement le principe, mais le complément de notre joie, puisque Jésus-Christ, dit saint Bernard, a mis entre les mains de Marie tout le prix de ses mérites, afin que tout ce que nous pouvons avoir de bien, nous le recevions par la médiation de sa sainte Mère.

O Mère de mon Dieu ! cause de notre joie ! quelle n'est pas la mienne quand je sais que vous ne refusez votre faveur à personne et que vous obtenez de Dieu tout ce que vous voulez ! Aussi c'est en vous que je mets toute mon espérance.

3° *Vase de dévotion.*

La dévotion, dit saint Thomas, consiste dans une prompte soumission à la volonté de Dieu.

C'est cette vertu qui rendit Marie si agréable à Dieu : le Sauveur le déclara par la réponse qu'il fit à la femme qui appelait bienheureux le sein qui l'avait porté. Le Seigneur voulut nous faire entendre que Marie était plus heureuse, parce qu'elle était entièrement soumise à la volonté de Dieu, que parce qu'elle était sa Mère. Marie n'eut jamais d'autre plaisir ni d'autre but que de faire la volonté de Dieu.

Que vous êtes heureuse, ô Marie, d'avoir été toujours unie et unie tout entière à la volonté de Dieu! obtenez-moi la grâce de vivre désormais jusqu'à la mort dans cette même soumission.

SIXIÈME JOUR

1° *Rose mystique.*

Dans les saints cantiques, il est dit de Marie qu'elle fut le Jardin fermé de Dieu. C'est dans ce jardin, dit saint Bernard, que le Seigneur planta toutes les fleurs qui ornent l'Eglise, entr'autres la violette de l'humilité, le lis de la pureté et la rose de la charité. La rose est vermeille; c'est pour cela que Marie est appelée Rose, à cause de l'ardente charité dont son cœur fut toujours enflammé envers Dieu et les hommes.

Et où pouvons-nous trouver une avocate

qui s'occupe davantage de notre salut et qui nous aime plus que Marie ?

O ma tendre Mère ! que ne m'est-il donné de vous aimer autant que vous le faites vous-même ! Je prendrai tous les moyens possibles de vous honorer et de vous aimer. Rose mystique, priez pour moi, afin que je sois fidèle à cette résolution.

2° *Tour de David.*

Saint Bernardin dit que la tour de David était en un lieu élevé; on appelle Marie Tour de David, pour marquer sa haute dignité.

La Mère de Dieu fut plus sainte dans les premiers moments de sa vie, dit saint Grégoire, que ne l'ont été les hommes les plus éminents à l'heure de la mort.

Ah ! ma Reine et ma Mère, je me réjouis de votre grandeur, et je suis prêt à donner ma vie pour empêcher que votre gloire ne soit diminuée, si toutefois elle pouvait l'être. Que ne puis-je, en répandant tout mon sang, faire que tout le monde vous honore et vous aime autant que vous le méritez !

SEPTIÈME JOUR

1°. *Maison d'or.*

L'or est le symbole de la charité. Comme dans le temple tout était couvert d'or, ainsi, dit saint Thomas, la belle âme de Marie fut remplie de sainteté. Marie fut cette Maison que la Sagesse éternelle, le Verbe incarné se choisit pour demeure sur la terre.

Cette Maison de Dieu est si riche qu'elle peut soulager toutes nos misères.

O Marie ! Vous aimez tant Dieu, que vous désirez le voir aimé de tout le monde, obtenez-moi donc un grand amour pour ce Dieu si aimable; c'est la seule grâce que je vous demande, je l'attends de votre bonté.

2° *Arche d'alliance.*

L'arche de Noé ne renferma que deux animaux de chaque espèce, tandis que tous les justes et tous les pécheurs peuvent jouir de la protection de Marie. Les animaux qui entrèrent dans l'arche y demeurèrent tels; mais les pécheurs qui se réfugient auprès de Marie ne demeurent point pécheurs; elle change leurs cœurs et les rend agréables à Dieu.

Quand un pécheur vient à moi, dit cette bonne Mère, s'il vient dans le désir de se corriger, je suis toujours prête à le recevoir, car ce ne sont pas les pécheurs que je regarde, mais la bonne volonté; je ne dédaignerai pas de panser ses plaies et de les guérir, et il verra que ce n'est pas en vain qu'on m'appelle Mère de miséricorde.

Mère de miséricorde, ô Marie, souvenez-vous qu'on n'a jamais ouï dire que vous ayez rebuté le pécheur qui recourait à vous. Je suis un de ces malheureux, je viens à vous et j'attends ma grâce.

3° *Porte du ciel.*

Marie est appelée Porte du ciel, parce que nul ne peut y entrer sans sa médiation, dit saint Bonaventure.

Ceux qui sont protégés par Marie sont reconnus pour les citoyens du ciel, et ceux qui sont marqués de son sceau, c'est-à-dire, ceux qui ont le bonheur d'être ses serviteurs, sont inscrits sur le livre de vie. Voilà pourquoi un pieux serviteur de cette Vierge incomparable lui donne le nom de livre de vie, et ajoute qu'il suffit d'être inscrit dans ce livre pour être sauvé infailliblement.

Ma Mère, c'est de vous que j'espère et que j'attends mon salut éternel. Vous savez que je vous aime, sauvez-moi, ne permettez pas que j'aille vous maudire en enfer, après vous avoir aimée et servie sur la terre. Porte du ciel, priez pour moi.

HUITIÈME JOUR

1° *Étoile du matin.*

Comme l'étoile du matin précède le soleil, ainsi la dévotion envers la Sainte Vierge précède le soleil de la divine grâce.

Saint Germain dit que la dévotion envers

Marie annonce ou qu'on est en état de grâce ou qu'on y sera bientôt. L'Église l'appelle Étoile de la mer, parce que, comme l'étoile guide au port les navigateurs, de même Marie nous guide vers le ciel à travers la mer orageuse du monde.

Voulez-vous sortir vainqueur de toutes vos tentations? dit saint Bernard, ne perdez pas de vue cette étoile du salut. Suivez Marie, et vous ne vous écarterez pas : si Marie vous protège, n'en doutez pas, vous parviendrez au royaume des cieux.

2° *Salut des infirmes.*

Marie n'est pas seulement le remède, mais encore le salut des pécheurs; celui qui la trouve, possède la vie et le salut éternel.

Ne craignons pas que, rebutée par la corruption de nos plaies, Elle dédaigne de prendre soin de nous. Elle est notre Mère, et comme une mère n'a pas horreur de panser les plaies de son fils blessé, de même Marie ne refuse point de nous soigner toutes les fois que nous recourons à Elle.

C'est pourquoi saint Bernard lui dit :

O Mère de Dieu, vous n'avez pas horreur du pécheur, quelque corrompu qu'il soit; il suffit qu'il soupire vers vous, pour que vous le tiriez de son état désespéré et que vous le sauviez.

3° *Refuge des pécheurs.*

Marie est un refuge toujours ouvert aux pécheurs, car Elle n'en peut rebuter aucun; on n'a qu'à recourir à Elle pour en être accueilli; Marie est le refuge des bons et des méchants, de tous ceux qui implorent sa protection.

Le pécheur étant ennemi de Dieu, est aussi l'objet de la haine et de l'abomination de toutes les créatures; mais s'il recourt à Marie, non-seulement Elle ne le rejette pas, mais Elle l'embrasse affectueusement, ne l'abandonne point et lui obtient son pardon.

Puisque vous êtes le refuge des pécheurs, ô Marie, vous êtes aussi le mien : et comme je sais que vous ne repoussez aucun de ceux qui ont recours à vous, je me recommande à votre bonté maternelle, en vous disant avec l'Église : Refuge des pécheurs, priez pour nous. Sauvez-nous.

NEUVIÈME JOUR

1° *Consolatrice des affligés.*

O Marie, qui s'intéresse pour nous et qui nous console dans nos afflictions, comme vous le faites ? Personne, même parmi les saints ! Il n'en est aucun qui compatisse à nos misères autant que vous, ô Vierge débonnaire !

Comme les misères qui affligent le plus sont celles de l'âme, qnand on les ressent, Marie est spécialement la consolatrice des pécheurs. Il suffit d'exposer les plaies de son âme à Marie pour en être secouru et consolé à l'instant.

Sa charité va plus loin encore : souvent Elle prévient et secourt avant même qu'on l'implore.

Disons-lui donc avec saint Bonaventure : O Marie, consolatrice des affligés, consolez-nous toujours, mais surtout à l'heure de notre mort : venez alors prendre nos âmes pour les présenter à votre Fils, qui doit nous juger.

2° *Secours des chrétiens.*

Marie est pour le chrétien un secours toujours prêt à le délivrer du danger. Son secours est tout-puissant pour nous préserver du péché et de l'enfer.

Vous êtes, ô Marie, lui dit saint Bernard, une guerrière invincible qui combattez pour vos serviteurs contre les démons, leurs ennemis acharnés. C'est pour cela que Marie est appelée terrible comme une armée rangée en bataille.

Ah ! si j'eusse toujours recouru à vous, ô ma Reine, jamais je n'aurais été vaincu par mes ennemis ; mais, à l'avenir, vous serez ma force ; c'est à vous que je recourrai dans mes tentations, et c'est de vous que j'attends la victoire.

Secours des chrétiens, priez pour nous.

3° *Reine des martyrs.*

C'est avec raison que Marie est appelée Reine des martyrs, puisque le martyr qu'elle souffrit à la mort de son Fils, surpassa en douleurs celui de tous les autres martyrs. Les mères se retirent quand elles voient mourir leurs enfants et ne peuvent les secourir, mais Marie, loin de se retirer, assista Jésus, son Fils, jusqu'à ce qu'il eût rendu le dernier soupir. Pendant son agonie, elle offrit au Père éternel sa vie pour notre salut; mais en l'offrant, elle éprouva une douleur plus cruelle que la mort !

O Mère de douleurs ! par le mérite des douleurs que vous avez endurées au pied de la Croix, obtenez-moi de détester mes péchés et d'aimer Jésus mon Rédempteur; par le glaive qui vous perça le cœur, quand ce divin Sauveur rendit le dernier soupir, je vous conjure de m'assister à l'heure de ma mort et de m'obtenir alors le salut éternel, afin que je puisse vous aimer pour toujours dans le ciel avec Jésus votre divin Fils.

Ainsi soit-il.

PRIÈRE

A NOTRE-DAME DE LA BROSSE (1).

Vierge sainte et sans tache, puisque vous êtes la dispensatrice de toutes les grâces de Dieu, vous êtes donc l'espérance de tout le monde et la mienne.

Je remercie sans cesse mon Seigneur et mon Dieu, de m'avoir appris que vous êtes le moyen que je dois prendre pour obtenir la grâce et pour me sauver : oui, vous êtes ce moyen, ô Mère de Dieu, puisque je sais que c'est d'abord par les mérites de Jésus-Christ, puis par votre intercession que je dois me sauver.

Ah ! ma Reine et ma Mère, vous vous

(1) Cette prière et la suivante sont extraites d'une ancienne notice de Notre-Dame de la Brosse.

êtes hâtée de visiter et de sanctifier la maison d'Élisabeth, daignez aussi me visiter, et visitez bientôt ma pauvre âme. Ne tardez pas, ô Marie ! Vous savez mieux que moi combien elle est pauvre et accablée de maux, d'affections déréglées, de mauvaises habitudes et de nombreux péchés. Vous pouvez l'enrichir, ô Mère de grâces, et la guérir de toutes ses infirmités. Visitez-moi donc durant ma vie, et surtout à l'heure de ma mort, parce que c'est alors que votre assistance me sera plus nécessaire.

Je ne demande pas que vous me visitiez sur la terre par votre présence visible, comme vous l'avez fait à l'égard de tant de chrétiens vos serviteurs, qui étaient moins indignes et moins ingrats que moi. Je désire seulement vous voir un jour dans le ciel, pour vous y aimer davantage et vous remercier de tout le bien que vous m'aurez fait. Maintenant il me suffit que vous me visitiez par votre miséricorde et que vous priiez pour moi.

Priez donc, ô Marie, et recommandez-moi à votre divin Fils. Mieux que moi, vous connaissez mes misères et mes besoins.

Que vous dirai-je de plus ? Ayez pitié de moi ! Je suis si misérable et si ignorant, que je ne sais même pas connaître ni demander les grâces qui me sont les plus nécessaires. Demandez-les vous-même pour moi, et obtenez-les moi de votre Fils, ces grâces que vous savez être les plus utiles et les plus nécessaires au bien de mon âme. Je m'abandonne tout entier entre vos mains, et je prie seulement la Majesté divine de m'accorder, par les mérites de mon Sauveur Jésus-Christ, ce que vous lui demanderez pour moi. O Vierge très sainte, demandez pour moi ce que vous jugerez à propos : vos prières ne sont jamais rejetées; ce sont les prières d'une Mère s'adressant à un Fils qui prend plaisir à vous accorder tout ce que vous sollicitez.

Faisons ce pacte, ô Marie ! pour moi je mets ma confiance en vous; daignez vous charger de mon salut.

Ainsi soit-il.

AUTRE PRIÈRE

Je vous salue, ô Reine, ô Mère de miséricorde ! Ma douceur, mon espérance, je vous salue ! Enfant d'une mère coupable, sur une terre d'exil, je crie vers vous, je soupire vers vous, gémissant, inconsolable, en cette vallée de larmes... Oh ! je vous en prie, ma chève avocate, je vous en supplie, tournez vers moi vos yeux pleins de miséricorde, et après ce triste exil, montrez-moi Jésus, ce fruit bénit de vos entrailles.

O Marie, ô Vierge clémente ! ô Vierge si bonne, ô Vierge si douce ! priez pour moi ! ayez pitié de moi !

O bienheureuse Vierge, immaculée dans votre Conception ! priez pour moi Dieu le Père dont vous avez conçu le Fils, Jésus, par l'opération du Saint-Esprit.

O Cœur de Marie ! cœur si doux, cœur si humble, cœur si pur, cœur si semblable à celui de Jésus !... O Cœur de Marie, cœur de Mère, cœur de ma Mère ! embrasez mon pauvre cœur de l'amour dont vous brûlez pour Jésus; faites-moi un cœur selon le cœur de Jésus.

Ainsi soit-il.

ANNEXE III

ASSOCIATION DE PRIÈRES SOUS LE PATRONAGE DE NOTRE-DAME DE LA BROSSE A BAINS (VOSGES).

But de l'Association.

Cette Associasion, fondée avec l'autorisation de S. G. Monseigneur l'Évêque de Saint-Dié, a d'abord pour fin générale d'obtenir tous les secours, de quelque nature qu'ils soient, qui sont réclamés de la puissante intercession de Notre-Dame de la Brosse.

Elle a pour fins particulières :

1° La conversion des pécheurs;

2° Le soulagement spirituel et corporel des malades.

Privilèges et avantages.

Les Associés jouissent des privilèges et avantages suivants :

1 Une messe est dite chaque semaine, à perpétuité, à l'autel de la Vierge miraculeuse, pour tous les Associés vivants et défunts ;

2° Cette Association étant affiliée aux Archiconfréries du très saint immaculé Cœur de Marie [1], pour la conversion des pécheurs, et à celle de Notre-Dame des Malades [2], les Associés participent aux nombreuses indulgences accordées à ces Archiconfréries, en récitant, chaque jour,

(1) Cette Archiconfrérie a son siège dans l'église de Notre-Dame des Victoires, à Paris.

(2) Cette Archiconfrérie a son siège dans l'église de Saint-Laurent, aussi à Paris.

trois *Ave Maria*, en latin ou en français, suivis des trois invocations : *Secours des chrétiens, priez pour nous; Refuge des pécheurs, priez pour nous; Notre-Dame des Malades, priez pour nous.*

Conditions d'admission.

Pour être compté parmi les Associés et avoir part aux avantages ci-dessus mentionnés, il faut :

1° Être inscrit sur le registre de l'Association ;

2° Faire une offrande pour la reconstruction de la chapelle ou pour son entretien.

Vu et approuvé :

Saint-Dié, 18 Mars 1849.

† Louis-Marie, *Évêque de Saint-Dié.*

SŒUR
ARTÉMISE
DU COUVENT DE LA PROVIDENCE
DE PORTIEUX

HONORÉE DE HAUTES DISTINCTIONS
ACADÉMIQUES :
MENTION HONORABLE, MÉDAILLE DE BRONZE
ET, EN 1883, MÉDAILLE D'ARGENT.

3me ÉDITION

Cédant à de pieuses instances, nous reproduisons, à la suite de cet Opuscule, la Notice, *déjà publiée par la* Semaine religieuse *de Saint-Dié (11 Janvier 1884), où se trouve résumée la vie de Sœur Artémise.*

SŒUR ARTÉMISE

DU COUVENT

DE LA PROVIDENCE DE PORTIEUX

Le treize Décembre, dans la maison Mère de la Providence, la Sœur Artémise rendait sa belle âme à Dieu.

Douce envers la mort, elle la reçut résignée, comme un hôte attendu, et elle s'endormit dans le Seigneur, calme et souriant d'avance aux splendeurs de l'Éternelle lumière.

« Elle passa en faisant le bien. »

Ces mots si simples, résument l'humble et sainte vie que nous allons tenter d'esquisser. Puissent ces lignes consoler ceux qui pleurent Sœur Artémise, et faire revivre sa chère mémoire dans le cœur des enfants qui furent l'objet de ses soins, de ses prières et... de ses regrets, pendant tout le temps que dura sa maladie.

*
* *

Catherine Doyen, en religion Sœur Artémise, fut d'abord, au sortir du noviciat de Portieux, préposée comme sous-directrice à l'asile de Sainte-Marie-aux-Mines.

Le petit remue-ménage et le bourdonnement des enfants la rebutaient; libre, c'eût été la dernière place qu'elle eût choisie.

Deux ans après, à son grand effroi, elle fut enyoyée à Bains comme directrice.

Parfaite religieuse, elle ne vit que l'obéissance et imposa silence à ses goûts. Puis le divin Maître n'avait-il pas dit : « Laissez « venir à moi les petits enfants, le royaume

« de Dieu est à ceux qui leur ressemblent. » Pour cette âme généreuse, le sacrifice ne fut pas long.

Faisant allusion à la répugnance qu'elle avait éprouvée au début, elle nous disait : « Bientôt je les aimai, ces chers petits en-« fants; et même, plus je vais, plus je m'y « attache. »

« Je les aimai ! » voilà la récompense prompte et providentielle du devoir accompli. « Je les aimai ! » voilà expliquée, en un mot, toute une vie de dévouement.

Qui pourra révéler les trésors de tendresse que renfermait son cœur pour toutes ces petites âmes dont ses soins hâtaient l'éclosion ?

Il nous semble encore la voir au milieu de tout ce petit monde — dont l'agitation est une condition de santé, presque d'existence, — qui, les yeux fixés sur elle, manœuvrait, chantait, récitait en cadence.

Elle paraissait leur âme. Et, en effet, elle eût voulu faire passer dans tous ces chers petits cœurs, la bonté, la simplicité, la droiture et surtout, surtout, l'amour du bon Dieu.

Sans relâche, l'infatigable travailleuse semait et semait la bonne et douce parole..., grain de sénevé qu'elle confiait à une terre neuve, priant Dieu de la faire fructifier.

Sévère, comme une maîtresse; tendre, comme la plus tendre des mères, elle était chérie, adorée, respectée de tous ses enfants.

Quand garçon ou fillette arrivait trempé ou transi : vite, Sœur Artémise de le prendre sur ses genoux et de faire sécher chaussures et petits pieds.

Un enfant se trouvait-il souffrant ou fatigué ? La couchette était prête, et la mante de la chère Sœur recouvrait le jeune endormi.

Souvent, « un soldat en herbe » — c'était son expression — entrait en classe tambour battant ou sabre en main. Avec fermeté, mais bien doucement pour ne pas faire répandre de larmes, Sœur Artémise faisait disparaître l'instrument guerrier.

Et le soir, s'il était oublié, elle-même le reportait chez l'enfant.

Aussi, quand ces « soldats en herbes, » devenus soldats tout de bon, quittaient ou regagnaient le pays, plus d'un, en pleine rue, sautait au cou de la chère Sœur, et l'embrassait comme la meilleure des mères.

***

Chère Sœur, lui disions-nous un jour, parmi vos bambins, vous avez des préférés ?

— Non, non, reprit-elle avec vivacité et surprise, presque indignée.

— Pas possible.

— Au fait, il y en a peut-être que j'aime

un peu plus et, baissant la voix comme pour une confidence, « il y en a de si « malheureux ! cela fend le cœur de voir « souffrir de petits innocents. »

Pour « ces chers innocents, » la bonne Sœur tendait souvent la main; c'étaient des bas, des chemises, des souliers qu'il lui fallait !

Un jour elle nous disait avec un grand sérieux — la faire parler de ses enfants, c'était prendre le chemin de son cœur — elle nous disait : « Voyez-vous, je n'ai pas « encore trouvé un enfant, qui n'ait une « qualité pour se faire aimer. »

— Chère Sœur, vous en avez de bien colères ?

— Oh ! ceux-là ont si bon cœur !

— Il y en a qui apprennent bien mal !

— Oui, mais pour l'avenir, cela ne prouve rien.

— Avouez que dans votre bataillon, vous

avez telles petites bûches qui ne peuvent dire mot ?

— Pauvres chéris ! ils font leur dictionnaire..., allez, allez, plus tard, comme ils se dédommageront !

Bonne chère Sœur, il n'y avait pas moyen de toucher à ses enfants !

A l'en croire, tous étaient des petits anges ou... en train de le devenir.

Quant à la gourmandise... pour des enfants de cet âge ce n'est presque pas, ou pas un défaut. « Comme de petits oiseaux, « disait-elle, ils ont toujours besoin de la « becquée. »

* * *

On sait ce que sont ces journées de salle d'asile !

Pendant trente-trois ans, sans défaillance, elle fut là, à son poste, souriante, calme au milieu de ses enfants, exerçant sur tous ces petits êtres, par l'étrange et suave fascination de la vertu, je ne sais quel mélange de crainte et de doux attrait.

Tout Bains connaissait et aimait Sœur Artémise. Plusieurs générations avaient passé par ses mains et... étaient restées dans son cœur. Elle chérissait les parents non moins que les enfants; comme les âmes simples et droites elle possédait le « don de conseil »; aussi que de douloureux secrets lui ont été revélés ! Elle écoutait, séchait les larmes, donnait quelques droits avis, et on s'en retournait consolé ou réconforté.

Souvent les mourants demandaient Sœur Artémise, et, comme un ange consolateur, elle accourait pour exercer auprès d'eux son suave et puissant ministère.

En 1871, une profonde et amère douleur l'atteignit : son pays fut annexé. Et quand ses pensées se tournaient vers ce « cher pays messin » qui n'était plus français, ses yeux se remplissaient de larmes. Dieu, son pays, ses enfants étaient les amours qui se partageaient son cœur.

*
* *

On était si habitué à voir la chère Sœur cheminer avec son cortège d'enfants, entre l'école et le pensionnat, qu'on était tenté de croire qu'il en serait toujours ainsi.

Cependant, depuis dix-huit mois, ses forces diminuaient; elle les sentait fléchir. Mais elle ne s'était jamais plainte : elle ne savait pas le faire. « Quand il fallait me lever le « matin, j'avais un peu de paresse, disait- « elle, mais, dès que j'étais au milieu de « mes bons petits enfants, mes forces sem- « blaient tout de suite revenir. » — C'est-à-dire que son courage et son cœur lui faisaient, chaque jour, dépasser la mesure.

L'hiver s'écoula ainsi.

Le dimanche de la Passion, après la messe,

se trouvant mal, elle se coucha, espérant qu'un jour de repos lui permettrait de reprendre le labeur du lendemain.

Sa moisson pour le ciel était achevée, ses mains étaient pleines, et le divin Maître allait l'appeler à lui.

Aussi, le lendemain, la cloche sonna, les enfants accoururent, l'asile se remplit et la bonne Sœur ne parut pas.

Inutilement, elle avait essayé de se lever, sa volonté cette fois était vaincue par la nature.

Elle ne quitta plus guère son lit et sa chambre. Trompée par le printemps, sur lequel elle avait compté pour la ranimer, elle se prit à espérer dans l'été, mais en vain : les fleurs abondèrent, le soleil eut plus de chaleur et la pauvre Sœur demeura languissante.

Vint, vers la fin d'Août, la distribution des prix.

Pauvre Sœur ! Elle avait bien prié Dieu pour ses enfants, et lui avait demandé de pouvoir aller les couronner. Depuis tant d'années leur fête était la sienne !

Cette grâce lui fut refusée, et ce fut de son lit qu'elle prit part à la cérémonie. L'heure arrivée, elle fit ouvrir sa fenêtre ; des larmes silencieuses coulaient de ses yeux, pendant que le vent lui apportait quelques échos des chants.

— Vos enfants étaient bien heureux, bien fiers de leurs récompenses, ils n'avaient guère le temps de penser à vous, chère Sœur Artémise. Mais en mère indulgente, vous saviez que la reconnaissance n'est pas de leur âge.

Cependant, le soir et le lendemain de ce jour vous avez été bien consolée : nombre de parents vinrent vous voir et vous amener quelques-uns de vos chers lauréats.

« Que les habitants de Bains sont donc

bons ! » disiez-vous à quelque temps de là. Non, ce n'était pas vous, qui à force de dévouement aviez gagné leurs cœurs, ce n'était pas vous qui étiez bonne... c'étaient eux.

— Pour tout arranger, mettons que vous étiez tous bons..

Les moindres incidents rappelaient à la chère malade ses petits enfants. Ainsi au moment de la distribution, c'était une allée et venue dans les corridors, les pensionnaires trottaient joyeusement, songeant aux vacances et oubliant la pauvre malade.

— Il faut les faire taire, disait-on.

— « Non, non, reprit-elle, en souriant,
« cela me fait plaisir de les entendre; leurs
« petits pas me rappellent les petits pieds
« des enfants de l'asile montant aux gra-
« dins. »

*
* *

Le docteur prescrivit un changement d'air.

La pauvre Sœur se résigna... non sans larmes! C'était cependant pour aller passer, comme chaque année à pareille époque, quelques semaines à Gérardmer près d'une sœur, deux fois sœur : — elle est religieuse aussi. — Mais, cette fois, un amer pressentiment l'avertissait qu'elle allait quitter Bains pour n'y plus revenir; que jamais plus elle ne reverrait et le couvent et l'école où elle avait eu la consolation de faire tant de bien.

Donc, le 31 Août, elle partit.

Assise au fond de la voiture, les mains jointes sur ses genoux, quand, au tournant, elle vit disparaître les dernières maisons de Bains, elle se pencha pour regarder encore la petite ville... puis encore plus loin le clocher... puis la Brosse où elle avait tant prié... puis les prairies, les bois...; mais les chevaux allaient, allaient... tout avait disparu.

Cette page de sa vie, cette page longue, et sublime en sa simplicité, était finie.

⁂

L'air pur et vivifiant de Gérardmer produisit l'effet espéré, mais les froids survinrent; et, par prudence, les Supérieures décidèrent que la malade passerait l'hiver à Portieux, dans la retraite de *Saint-Jean*.

Naïve en tout, avec quelle expansion elle se réjouissait en sentant renaître ses forces !

C'est qu'elle voulait encore travailler..., encore amasser des mérites : elle s'en croyait si dépourvue !

A tout propos elle parlait de Bains et, vers la fin de Novembre, elle écrivait à ses petits enfants : « je reviendrai, au milieu de vous, « avec les hirondelles, au printemps. »

Vaines étaient ces dernières espérances de la chère Sœur; ce n'était plus à Bains que Dieu la voulait, c'était aux collines éternelles.

Le mal reparut soudain, implacable.

Mieux éclairée intérieurement que médecin et compagnes, Sœur Artémise comprit que son heure était venue.

Le huit Décembre, fête de l'Immaculée-Conception, elle demanda avec instance et reçut les sacrements. Puis après cinq jours de souffrances, elle rendit à Dieu sa belle âme : une âme transparente, qui n'avait rien de caché; pure, comme les eaux limpides de nos montagnes; simple, comme l'âme des enfants qu'elle chérissait.

« L'homme a deux ailes pour s'élever de « terre, la simplicité et la pureté (1). » Portée sur ces deux ailes, Sœur Artémise allait ravir là haut les germes bienfaisants qu'elle semait et semait ici-bas.

... Mais c'est pour ne plus revenir que

(1) Imitation.

cette fois elle s'est envolée, appelée, sans doute, à occuper au ciel une belle et haute place.

Ah ! ce doit être une grande princesse au Royaume éternel, que l'humble Sœur ! Il fait bon la prier, afin qu'elle continue à nous bénir ici-bas.

*
* *

Lorsque la fatale nouvelle parvint à la Maison de Bains, ce fut une explosion de douleur.

Cette douce et suave figure de Sœur Artémise, on ne la reverrait donc plus ! On l'attendait pourtant; sa place était là. N'avait-elle pas promis de revenir « au printemps ? »

Quelle fête de la revoir, de l'embrasser ! On avait besoin de sa gaieté. Et la gaieté, n'est-ce pas l'expression du courage, de la force et de la paix de l'âme ?

Comment dépeindre le deuil de la communauté !

> Pleurez et gémissez, ô fidèles compagnes,
> A vos sanglots donnez un libre cours ! (1)

Oui, chère Mère et chères Sœurs de Bains, pleurez... Peut-être serions-nous cruelle en essayant de consoler une de ces douleurs « dont on ne veut pas être consolée. » *Vox in Rama audita est, ploratus et ululatus : Rachel plorans... « et noluit consolari.* »

Heureux le couvent où l'on sait inspirer et soutenir une Sœur Artémise !

Il restera tout embaumé du parfum de ses vertus.

Mais cette vie et cette mort également belles, ne laissent-elles pas au-dessus, bien au-dessus de toutes les tristesses humaines

(1) Racine.

un sentiment de reconfort et d'espérance? *Sursum corda !*

Le dimanche 17 Décembre, le vénéré curé de Bains, M. l'abbé Margaine, annonça que le jeudi suivant un service serait célébré pour Sœur Artémise.

Il voulut prononcer un bref éloge de la défunte; l'émotion l'arrêta.

Le jeudi à l'heure indiquée, l'église était pleine; les Religieuses accourues des environs, les enfants des écoles, la ville entière était là voulant rendre un dernier hommage de respect et de reconnaissance à la bonne Sœur.

Mais ce qu'il y eut de plus touchant, ce fut de voir défiler à l'offrande les enfants de l'asile, « les enfants de Sœur Artémise. » Des yeux, on cherchait leur maîtresse. Elle n'était plus là, mais elle n'était pas loin —

les morts sont si près de nous ! — appelant sur ces petites têtes brunes et blondes, qui songeaient plus à leurs jeux qu'à la chère morte, d'abondantes bénédictions. Ne demeure-t-elle pas leur mère ?

Et pendant que l'église récitait des prières de pénitence..., peut-être les anges, en présence de tous ces petits enfants, chantaient le *Laudate pueri Dominum*.

« Enfants, louez le Seigneur... Y a-t-il « un Dieu, comme notre Dieu, habitant le « sommet du ciel et daignant regarder les « humbles sur la terre... pour les élever « au rang des princes, des princes de son « peuple, et pour rendre celle qui semblait « stérile, mère joyeuse de nombreux en- « fants. » (Psaume 112.)

Que de bien l'humble Sœur a fait dans ce petit pays durant trente-trois ans !

Un jour, un officier couvert de blessures, nous disait simplement : « Je crois avoir

« bien gagné ma croix, mais si je pouvais,
« je la donnerais à la brave Sœur Artémise;
« elle l'a méritée plus que moi. »

Bains-en-Vosges, *Fête de l'Épiphanie 1884.*

Encore un mot sur Sœur Artémise

(Extrait de la *Semaine Religieuse* de Saint-Dié, du Vendredi 25 Janvier 1884.)

Dans une lettre datée de Bains, 19 Janvier 1884, l'auteur de cette notice exprime le regret d'avoir ignoré que, sur les instances de la municipalité qui avait mis en lumière l'admirable dévouement de Sœur Artémise, la zélée directrice de la salle d'Asile de Bains avait été honorée de plusieurs distinctions académiques : d'abord une *mention*, ensuite une *médaille de bronze*, enfin, l'an passé, une *médaille d'argent*.

Ce dernier témoignage, très rare, très précieux, a été accordé à la chère Sœur au mois d'Août, à la distribution des prix. — Dans cette circonstance solennelle, M. le docteur Bailly, maire de Bains, exprimant, et en son nom et au nom du conseil municipal, la reconnaissance de la ville entière, fit de la chère Sœur absente — elle était frappée déjà par le mal qui allait l'emporter — un éloge que sa modestie eût supporté difficilement.

TABLE DES MATIÈRES

Ire PARTIE

HISTOIRE DU SANCTUAIRE

IIme PARTIE

GRAND PÈLERINAGE DE 1874. — MIRACLES DEPUIS CENT ANS.

ANNEXES

SŒUR ARTÉMISE

FIN.

St-Dié, Imp. L. Humbert.

OUVRAGES DU MÊME AUTEUR

Un Curé de Campagne au XIXme siècle. VIE DU VÉNÉRABLE JEAN-BAPTISTE-MARIE VIANNEY, CURÉ D'ARS.

Ouvrage honoré des Approbations : de S. Em. le Cardinal-Archevêque de Bordeaux, de S. G. Mgr l'Archevêque de Bourges, et de LL. G. N. Sgrs les Évêques de Saint-Dié et de Vannes.

2 volumes in-12, édition de luxe avec photographie.. 10 »»

2 volumes in-12, édition ordinaire avec portrait.. 4 50

Paris 1882. — Imprimerie-Librairie Saint-Paul, 6, rue Cassette.

Imitation de Dieu. Traduction complète de l'Opuscule LXII, *De Moribus divinis, de Saint Thomas d'Aquin*, extrait de la *Semaine Religieuse* de Saint-Dié. — 1884.

Ouvrage honoré de l'Approbation de S. G. Monseigneur l'Évêque de Saint-Dié.

1 brochure in-8o, 2e édition.......................... 1 »»

Saint-Dié 1884. — Imprimerie L. Humbert.

Etc., etc,

www.ingramcontent.com/pod-product-compliance
Ingram Content Group UK Ltd.
Pitfield, Milton Keynes, MK11 3LW, UK
UKHW031046260726
13965UKWH00006B/673

9 782013 404525